植民地教育とジェンダー

植民地教育史研究年報◉2013年……… 16

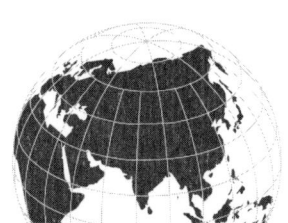

日本植民地教育史研究会

皓星社

植民地教育とジェンダー

2013 植民地教育史研究年報 第16号 目次

巻頭言 植民地教育と「近代化」……………………………………… 佐藤広美 3

I. シンポジウム 植民地教育とジェンダー

台北州立台北第三高等女学校における裁縫科教育と女子教員の養成
　―国語学校附属学校時代から1920年代を中心に― ………… 滝澤佳奈枝 8
日本統治下朝鮮における朝鮮人高等女学校生徒の「皇国臣民」化…有松しづよ 26
女子留学生―帝国女子専門学校の事例から―…………………… 福田須美子 50
シンポジウムの趣旨とまとめ　………………………………………小林茂子 74

II. 研究論文

放送が果した日本語普及・日本語政策論の一側面
　―雑誌『放送／放送研究』にみる戦時下日本語論の展開―…………田中寛 82

III. 研究資料

日本統治下朝鮮における学校経験　―永井昭三氏の場合―……… 佐藤由美 104

IV. 旅の記録

台湾教育史遺構調査（その6）公学校の母体となった宗教施設… 白柳弘幸 116
山東省青島に残る日本側学校建築………………………………… 山本一生 122
オーストラリア・イギリスの学会参加記………………………… 松岡昌和 128

V. 書評、図書紹介、研究動向

山本一生著『青島の近代学校―教員ネットワークの連続と断絶』 上田崇仁 136
樋浦郷子著『神社・学校・植民地―逆機能する朝鮮支配』………… 李省展 142
斉紅深評説、石松源・賀長苡合編『让教育史走进社会』………… 宮脇弘幸 155
「植民地と身体」に関わる研究動向 ……………………………… 西尾達雄 158

VI. 気になるコトバ

戸籍・国籍・日本人……………………………………………… 佐野通夫 180

VII. 特別寄稿
鄭在哲『日帝時代の韓国教育史』の翻訳刊行……………………… 佐野通夫　186

Ⅷ. 彙報
…………………………………………………………… 岡部芳広　196

編集後記……………………………………………………………… 201
著者紹介……………………………………………………………… 202
CONTENTS …………………………………………………………… 204

巻頭言

植民地教育と「近代化」

佐藤広美*

　植民地支配がおよぼした「近代化」について、どのように考えればよいのだろうか。ずっと、考えてきた事柄であった。
　ここに、ひとつの教材を紹介したい。朝鮮総督府が刊行した『普通学校修身書』巻5（第2次朝鮮教育令期使用、1922年以降〜、小学校5年生使用）の、第二課「我が国（その2）」である。
　第2次朝鮮教育令は、1919年の3・1独立運動という朝鮮民衆が示した植民地支配への抵抗に対する対応であり、総督府がこれまでの「武断政治」をあきらめ、「文化政治」への転換を行った、そうした新たな教育方針であった。この方針の下、作られた教科書の教材であった。
　この5年生用修身書の「我が国」で、総督府は、なぜ、朝鮮は日本に「併合」されなければならなかったのか、その理由を説明している。日本の朝鮮植民地支配＝韓国併合の正当性を朝鮮の子どもに語って聞かせている。
　朝鮮人に教える道徳（モラル）の核心、それは韓国併合の正当化であったのだ。それはどのようにして語られたのか。

　「当時朝鮮は党派の争いがあつて一致せず、政治が振はないで、民力は大いに疲弊しました。そればかりでなく外交にもたびたび失敗して困難しました」「かかる朝鮮の外交上の失敗は、やがて東洋の平和をみだすにいたりましたから、日本はついに正義のために、支那や露国と戦ひました」。これは日清戦争と日露戦争の理由の説明である。
　しかし、「多年の弊政は全く除くことがむずかしく、民心はなお安ら

*東京家政学院大学

かでありませんでした。それで朝鮮人中にも国利民福のために、日本との合併を望む者が盛んに出て来ました」。こうして朝鮮併合が実現した。

　朝鮮民族は、独立して自らの国家を治めることができず、朝鮮人のなかからも日本との合併を望む者があらわれた。そのような選択こそが朝鮮人の幸福を得ることにつながる、という道徳が説かれている。
　この記述は『児童用書』のものであり、普通、教科書とはこの児童用のことを指す。教科書には、これとは別に『教師用書』があり、こちらは児童用書のねらいを説明し、教師が子どもたちに口頭で説明する説話要領が書かれている。教師用書の「我が国」は、韓国併合の説明が詳しく論じられた後に、児童用書には書かれていなかった併合後に朝鮮では近代化が大いに進んだ、ということが書かれていた。これは驚きであり、注視すべき記述であった。

　「昔は大抵道路は極めて不便で、旅行には非常に難儀をしましたが、今では方々に広い平かな道路が通じたばかりでなく、陸は汽車、海には汽船が往来して、交通がまことに便利になりましたので、旅行するにも、昔の人の難儀したようなことは夢にもしらないのです。」
　「……又政府は農事の改良を図つたり、養蚕を勧めたり、商工業の進歩を図つたり、その他あらゆる方面に力を用ひて、人民の利益幸福の増進につとめてゐます。その上、人民に貯蓄を奨励して、生活を安楽にさせるやうに努めてゐます。之を昔にくらべれば、人民はどれほど幸福であるか分かりません」。
　「昔は学校と云つてもほんの名ばかりのものでその数も少なく、教え方も極めて行き届かなかつたのが、今は立派な学校が多く設けられ、その数も年々に増し、その教へる事柄も、教え方も昔の比ではありません」。

　併合後の朝鮮では、政治的経済的平等がすすみ、近代的な学校が整備され、医療・衛生・福祉が発展し、農業と工業など産業のインフラが整備され、総じて朝鮮民衆の生活は向上していった、という記述であった。あからさまな植民地支配の正当化の説明であった。
　1919年の3・1独立運動後には、どうしてもこうした記述が必要であっ

たのかとも思う。また、道徳の核心に「近代化」を置く思想の発現とも考えられた。いずれにしても、この教材の背景など、いろいろ分析しなければならない事柄があるように感じられた。

　植民地における「近代化」については、これまでも批判的な見解が積み重ねられてきたことと思う。たとえば、次のような指摘を紹介しておきたい。
　総督府は、1910年30年間の産米増殖計画を立案し実施している。しかし、収穫量の増加は朝鮮の農民の増収には結びついていない。大量の米は日本に移出されており、朝鮮では米消費がむしろ激減し、満州からの粟その他の雑穀に依存する事態に陥っていった。
　学校はどう見るか。1930年の時点で、朝鮮は義務教育ではなく、就学率は16％にとどまり、大多数の子どもたち（とくに女子）は就学機会は保障されず、ほとんどが労働に従事していた。教育内容は「国語」としての日本語教育と低度「実業教育」に偏り、私立学校など自らの教育文化を創造しようとする動きは厳しく弾圧・抑圧された。
　これらは、いずれも、『日本の植民地支配　肯定・賛美論を検証する』（水野・藤永・駒込編、岩波ブックレット、2001年）から抜き出してみた。
　最近の成果からも学んでおきたい。
　近代都市京城について。1925年に9年あまりの歳月と700万円を費やして立てられた総督府庁舎。庁舎は総石材造りで規模壮大、当時「東洋第一」とされた。庁舎を中心に京城都市開発はすすむ。朝鮮人居住地域の北村と日本人居住地域の南村に別れ、商業施設・劇場・映画館などの娯楽施設も日本人向けと朝鮮人向けに二極化して発展した。インフラ整備や景観の近代化は圧倒的に南村が優先的に進み、北村では上下水道や電気・ガスなどの普及は遅々としか進まなかった。
　朝鮮人官吏の登用について。総督府官吏は発足時1万5000人ほどであり、3・1運動当時には3万3000人となり、1942年には10万人を超える巨大官庁となったが、朝鮮人官吏は一貫して40％で推移した。俸給でみると、植民地では日本本国よりも高等官で4割、判任官で6割ほど高く設定されていたが、それは朝鮮人には適用されなかった。女学校を出たばか

りの日本人教員の初任給が、朝鮮人教頭よりも高いという不条理がまかり通った。

　医療では、朝鮮総督府医院や各道に慈恵医院が設置され、僻地では巡回診療をおこなうなど、総督府は怠慢ではなかった。しかし、日本人と朝鮮人の罹患率や死亡率を比較してみると、1924年の仁川では伝染病死亡率は、日本人が33％に対し朝鮮人は67％、乳児死亡率は、31年〜35年に京城で、日本人男児8・5％、女児7・4％に対し、朝鮮人男児20・6％、女児20・0％であった。

　この数字は、近代の「恩恵」が宗主国民と植民地民とでいかに不平等に付与されたかを物語っている（趙景達『植民地朝鮮と日本』岩波新書、2013年）。

　朝鮮植民地支配はけっして「近代化」を否定しない。むしろ支配するために「近代化」を必要ともする。だから、その近代化はゆがんだ近代化であり、押しつけがましい近代化であり、朝鮮民族の尊厳性を軽視する反発と憤りを生み出す近代化であったろうと思う。

　最後に、この小学校5年生用修身書「我が国」を読んで、今後考えてみたい課題のいくつかをのべてみる。

　ひとつに、修身の教科書分析の視点として、日本主義や天皇制イデオロギーの顕在化という問題のほかに、「産業化」「近代化」を担う人材のモラル形成という問題をとり出す必要性があるのではないのか、ということである。

　二つに、朝鮮総督府は、朝鮮を文化文明の遅れた地域、自らの国家を統治する能力を欠如する民族とみなすという「停滞史観」や「他律性史観」をもっていることが明らかになった。さらに、「近代化」は、自らの植民地支配を正当化する根拠でもあった。そういう意味で、停滞史観や他律性史観を批判克服する新たな歴史観を形成すること、さらに、植民地支配を合理化する「植民地近代化論」を批判する課題の重さである。

　朝鮮民衆の抵抗や解放の動き、そしてもろもろの暮らしや教育の分析を通して、上記の差別的な史観や「近代化論」を真に超える思想が朝鮮民衆の中に存在したという事実をねばり強く探求する努力のいっそうの重要性ということである。

Ⅰ．シンポジウム

植民地教育とジェンダー

台北州立台北第三高等女学校における裁縫科教育と女子教員の養成
―― 国語学校附属学校時代から1920年代を中心に ――

滝澤佳奈枝[*]

はじめに

　植民地統治下台湾における教育関係者たちは、国語の普及、風俗の改良、国民性の教養を家庭の中から行うためには、女子児童の就学率を上げる必要があり、そのためには女子教員の養成が重要であるとしていたが、植民地政府が女子師範学校を設けることはなかった[1]。また、伝統的台湾社会の慣習が残る植民地統治初期の中・上流家庭では、女性が外出することや教育を受けることに否定的であり、加えて台湾人女性たちの行動範囲は纏足により制限されていたため、女子生徒を確保することは困難であった。

　これまでの先行研究により、台湾人女子教育や台湾人女子教員に関する研究が蓄積され、解纏足と女子教育が台湾人女性に近代化をもたらしたとするのが今日の共通認識となっている。また、游鑑明や洪郁如らによる一連の研究により、台湾人女子教育の内容が明らかにされ、学歴がその後の女性の社会的地位の確立に関与していたことが明らかにされた。本稿との関わりで例をあげるならば、台湾人女子教員は植民地統治下において社会的地位は高かったが、待遇面では民族と性により活動の場が低学年並びに裁縫科や家事科といった限られた科目に限定されていたことが指摘されている[2]。しかし、女子教員と裁縫科の関わりについて論じられることはなかった。

　本稿では、まず台北州立台北第三高等女学校（以下、台北第三高女と略記）で行われていた女子教員の養成課程について概観し、同校の『創

---

[*] 東京日語学院

立満三十年記念誌』（以下、『記念誌』と略記）を手掛かりとしながら裁縫科教育の視点から台湾人女子教員の養成を再考することで、植民地統治下における台湾人女子教員の新たな一面が見えてくるものと考える。但し、台北第三高女の一例を以て全ての台湾人女子教員の動向を一般化するものではないことを断っておく。

1．台湾人女子教員の養成

　1897年に台湾人女子教育機関として初めて設けられた台湾総督府国語学校第一附属学校女子分教場は、翌1898年に行われた国語学校の改廃（告示第53号）により新設の台湾総督府国語学校第三附属学校（以下、第三附属学校と略記）へと改められた。そして、同年8月28日に第三附属学校規程（府令第86号）が公布され、その第一条に「本島ノ女子ニ普通学及手芸ヲ授クルヲ以テ目的トス」ることが示され、8歳以上14歳以下を対象とする修業年限6年の本科と14歳以上25歳未満の生徒を対象とする修業年限3年の手芸科が設けられた。この手芸科は、台湾人女子教育における中等教育の嚆矢ともいえるものである。その教育内容は、表1－1の通りである。裁縫や刺繍といった技芸科目が主流ではあったが、「本島人に対して女子師範教育を施すことの研究に資せる」ものとして位置づけられていたため、卒業生の多くが公学校の女子教員になっており、裁縫や手芸を教える傍ら「新教育」の宣伝と女子児童の就学の勧誘に携わっていた[3]。第三附属学校の主事であった本田茂吉によると、既に1899年5月には手芸科二年の林阿得が卒業を前に淡水公学校に派遣されており、次いで大渓公学校に陳阿娥が派遣されたという。その後、公学校の女子児童数が増えるにつれ卒業生を教員として求める声が各地から寄せられたが、手芸科の生徒たちは既婚者が多かったため遠方には派遣することができなかったようである[4]。その後、1902年3月30日に台湾総督府国語学校第二附属学校（以下、第二附属学校と略記）に改称され、同日に公布された台湾総督府国語学校規則改正（府令第52号）にも「附属学校ハ本島人ノ幼年者及青年者ニ須要ナル教育ヲ施シテ本島ニ於ケル普通教育及技芸教育ノ模範ヲ示シ且師範部ノ生徒ニ

実地授業ヲ練習セシムル所トス」との一条が新しく第六条として設けられた。そして、1906年4月5日に公布された第二附属学校規程改正（府令第25号）を受けて本科が廃止され、本格的に女子教員の養成を行うようにったのである[5]。第二附属学校規程の第一条には「本校ハ本島人女子ニ師範教育又ハ技芸教育ヲ施スヲ以テ目的トス」とあり、修業年限3年の師範科、2年の師範速成科、3年の技芸科の三科が設けられた。しかしながら、師範科並びに師範速成科は名ばかりのものであり生徒の募集が行われることはなく、実際は表1-2及び表1-3が示すように技芸科に師範科科目であった教育、漢文、家事、手工を加えることにより、第一条の目的を果す形となった。元台北第三高女教諭の大橋捨三郎によると、技芸科の卒業生は1907年の第一回から1919年の第十三回までの間に計319人おり、このうち234名が女子教員になったという[6]。1910年には、台湾総督府国語学校附属女学校へと改称されるが第二附属学校と大きな変化は見られなかった。そして、1919年1月4日に公布された台湾教育令（勅令第1号）により国語学校から独立し修業年限3年の台湾公立台北女子高等普通学校となり、修業年限1年の師範科が設けられたことにより名実ともに師範教育を担うことになるのである。同年4月20日に発布された台湾公立女子高等普通学校規則第四十八条には、師範科の教育課程のうちの家事、裁縫、手芸に関する規定が示されており、その内容は、本科におけるこれらの科目について規定されている第十三条から第十五条に準じ、更に「既得ノ知識ヲ補習セシメ特ニ公学校ニ於ケル教授ニ必要ナル知識技能ヲ練熟セシメ且教授法ヲ授クヘシ」と定められた[7]。そして、艋舺第二公学校（後の龍山寺公学校）が附属公学校として定められ、卒業生には服務義務が課せられるとともに寄宿舎生活を送ることが明文化された。寄宿舎では、「内地の生活状態を味はせ、国民的趣味を養成する」という目的で雛祭りや端午の節句など様々な年中行事が行われ、学校並びに寄宿舎生活の両面から良妻賢母教育が展開されていくことになる[8]。生徒たちには、内面的には、「旧来の思想感情及趣味を国民化」し、外面的には「本島婦人の風俗習慣の長短を考へ、悪しきは之を矯正し善きは之を助長し、併て内地婦人の長所美点は之を知らしめ、徐に我が国ぶりに同化する様に」力が注がれた[9]。学校教育が主として知育を行うところとすれば、寄宿舎は訓育を行う場所として

位置づけられていたことがうかがえる。

　その後、1922年2月6日に公布された新台湾教育令（勅令第20号）を受けて修業年限4年の台北第三高女へと昇格し、師範科は修業年限1年の講習科に改称された。しかし、1928年に台北第一師範学校に高等女学校4年生修了程度を入学資格とする修業年限1年の女子演習科が設けられたことにより、「師範教育を統一し、且女教員素質の向上を計る為」という理由から講習科は廃止されることになった[10]。台北第三高女には、同年4月に補習科が設けられ、随意科目の選択により教員養成、進学準備、家政補習という三課程が設けられた。『昭和三年度台北州立台北第三高等女学校一覧』に示された「学科課程及毎週教授時数」の備考欄には、「補習科ニアリテハ第三学期ニ於テ教育実習ヲ課ス（公学校乙種本科正教員特別検定ノ特典アリ）」と記されているが、講習科とは異なり、卒業後に確実に女子教員として就職できるものではなかったため教員を目指す生徒が激減するに至った。とはいえ、少ないながらも校内外から進学した18名は全員教員養成課程に入学している[11]。1929年に台北第三高女を卒業した陳阿素によると、演習科ができたことにより補習科に進学しても訓導の資格ではなく訓導心得の資格しか得られないため、補習科に進学する者は少なかったとのことである[12]。

　ところで、女子教員になるためには、まず何よりも初等教育を受ける必要がある。表2から分かるように、日本人女子児童の就学率が1900年代に既に9割以上であったのに対して、台湾人女子児童の就学率が1割を超えたのは1920年代に入ってからの事である。男子児童の就学率に比べると約10年の開きがあることが見て取れる。洪郁如は、就学率が振るわない理由を女子教育の対象を上流階層の女性にしたためだと指摘し、このことにより庶民層の女性たちが学校制度から排除され取り残されていったと述べている[13]。表3より、就学した女子児童の中から高等女学校に進学した際の就学率は1922年の段階で2.74%であったが、学齢児童数から見ると0.08%にしかすぎないことが分かる。そのため、女子教員になることができたのは非常に限られた極わずかな人数であったといえよう。台北第三高女に進学した父兄の職業をみると、植民地統治下でも現金収入を得ることが可能であった商業を生業とする家庭環境が最も多かったようである[14]。

表4は、台北第三高女の卒業後の状況を示したものである。1928年9月末現在の卒業生数全1080名中現在教職に携わっている者は247名おり、以前携わっていた者を含めると614名となり、その割合は56.9%となる。国語学校附属学校時代では、手芸科及び技芸科の卒業生計358名中教職に携わったものは214名おり全体の59.8%に該当する[15]。つまり、台北第三高女の卒業生のうち6割程度が何らかの形で教職についていたことがうかがえる。入学経緯については、自分が通っていた公学校の教員の勧めによる場合と自らの意思による場合とがあったが、いずれの場合も手芸と学ぶことと女子教員になることが入学動機を決定づける意思決定の要因として働いていた[16]。

2. 裁縫科教育と公学校の女子教員

2.1 女子のための科目

裁縫科は、家事科と並んで女子のみに課せられた科目であったと同時に担当する教員も女子教員であったことから、誰にでも開かれた科目といよりは寧ろ対象が女子に限定されるという閉鎖的な科目であったといえよう。公学校の教育課程に裁縫科が設けられるのは1904年になってからのことであり、それ以前は第三附属学校の規定に従うというものであった。第三附属学校の本科では裁縫が科目として設けられており、手芸科に至っては裁縫に加え刺繍、編物並びに造花が科目として設けられていた。要するに、これらの科目の有無が、男子教育と女子教育の差異を示す部分であったといえる。1901年9月3日に公布された台湾公学校編制規程（訓令第296号）の第九条には、教諭や訓導の他に「専ラ裁縫ヲ教授スル教員ヲ置クコトヲ得」とあることから、公学校で裁縫を教える際には裁縫を担当する教員を配置する必要があったのである。言い換えれば、女子教員がいなければ例え女子児童が就学していたとしても裁縫を教えることができないということに成りかねない。男性との接触を良しとしない伝統社会の慣習が残る台湾社会では、女子児童の就学に公学校の女子教員の有無が関係していた[17]。そのため、女子教員がいることにより女子児童が集まりやすい環境を整えることも可能になったで

あろう。より多くの女子児童を学校に向かわせるためには女子教員の養成が必要不可欠だったのである。

また、『昭和3年度台北州立台北第三高等女学校一覧』に記された現在職員一覧によると、裁縫、手芸、刺繍、家事、作法といった科目を担当していたのは女子教員であったことが分かる。しかし、これらの科目は全て日本人女子教員が担当しており唯一台湾裁縫（以下、台裁と略記）のみを張洪氏哞が担当していた。張洪氏哞は、1928年の段階で第三高女における唯一の台湾人女子教員でもあった[18]。女子教員が裁縫や刺繍などの科目に携わり、学校で女子生徒たちに教えるという形式と伝統的台湾社会において各家庭で母親から娘へと教えられていた形式とは、その技術や付随する意味づけに違いはあるものの「女性から女性へ」という流れは共通する部分であるのではなかろうか。この流れに男性が介在するとすれば、先に触れた大橋捨三郎や後に触れる本田茂吉のように教授細目の作成においてであり、実際に現場で教えるのはやはり女性であった。そして、女子生徒たちは卒業後に公学校の女子教員としてやはり女子児童に裁縫を教えていくことになるのである。

2.2 裁縫教育と女子教員の関わり

台北第三高女で行われていた裁縫教育とはどのようなものであったのか。台湾には、日本と異なり裁縫を教える師匠や裁縫教授所がなかったため、家庭内で母から娘へと教えられていくのが一般的であった。学校の教育課程において複数の女子生徒に一度に同じ内容のものを教えるためには、裁縫の手順を系統立て規格化する必要があった。附属学校では、台裁の名手とされた呉氏鳳（朱氏鳳とも称する）が台裁と刺繍を担当していたが、彼女さえも系統立てた教授を行うことができずにいたため、本田茂吉が日本の裁縫教授法などを手掛かりにしながら呉氏鳳に日本で行われている裁縫教授を教え、その後第三附属学校の裁縫教授細目を作らせた。これが台湾における最初の系統立てられ規格化された台裁教授の始まりとされる[19]。台湾人女性とかかわりの深い刺繍は、久芳としによってデザインや色彩の面から日本化へ導こうとする働きかけがなされていた[20]。造花は、それまでの台湾社会にない新しい技術であったため、台湾人女性たちの目を引く存在であり、一種の生徒を集めるための呼び物

としての意味合いもあったようである。

　裁縫は、衣服生活と関係があるためその点を考慮する必要があったと考えられる。1898年8月28日に公布された第三附属学校規程（府令第86号）第九条に定められた裁縫に関する要旨には「本島ニ於ケル通常衣服ノ縫方裁方」とあることから台湾における衣服が念頭に置かれていたことがうかがえる。しかし、それ以降の台湾教育令や新台湾教育令ではいずれも「通常ノ衣類」という表現になっている。この時期になると、裁縫科でも洋裁を扱うようになっており、このことは台湾人の衣服生活にも徐々に洋服が取り入れ始められたことと関係していると推測される。台湾人が日常的に着用していた台湾服（本島服とも称する）の作製は、植民地統治以前は台湾人固有の領域に属するものであり、全て家庭内で女性によって行われていたが、学校の教育課程の中で教えられることにより、台湾人固有の領域から統治者側の領域に取り込まれていくことになったといえよう。台北第三高女では、台裁の裁ち方などに関する研究を鬼澤かねが行っていたようであるが、その内容の詳細を知る資料は現段階では見当たらない[21]。ミシンの導入により、台裁もミシンを用いて行われ、従来本島服の製作に費やしていた時間を減少させるとともに、シャツやズボンなどの製作も行われるようになった[22]。

　1902年に手芸科を卒業した蔡曹氏緑は、「家庭では私共が学校で習ふ色々の技芸を、うまく取り入れて、当時に於ける文化生活を営んでゐました。」と述べている。ここでの「文化生活」が具体的にどのようなものであったの不明であるが、少なくとも規格化された裁縫やこれまでとは異なるデザインや色遣いの刺繍、そして新しく台湾に持ち込まれた造花を取り入れた生活であった事が推測される。蔡曹氏緑は、台湾人女性として手芸ができないことは「非常な恥辱」とされていたため、例え手芸が嫌いでもその技術を学び身に付ける必要があったとする[23]。また、手芸を学ぶことが入学動機にもなっていたことは先にも触れた。特に、家事科と並んで裁縫科は重視されており、「第三高女を卒業すると裁縫、刺繍、編物など何でもできる」と誰しもが言うほどで、母親が台湾服を作る際には学校で学んだ技術を母親に教えながら一緒に手伝うこともあったようである[24]。

　ところで、女子教員は女性なら誰でも良いというわけではなかった。

女子分教場の主任であった高木平太郎は、裁縫の教授上の問題点を「如何なる順序によりて教授をすればよいものであろうか。目今では適当なる教師を得ることが困難で、教授法もなにも眼中にない本島女子を教師とするのであるから、到底価値ある結果を得られまいと思ふが、これは何とか方法のないものであろうか。」と述べた上で、日本語が分かり且つ台湾の風俗を熟知している台湾生まれの日本人を女子教員として求めた[25]。第二附属学校主事であった加藤元右衛門は、「内地人の女教員なら、得られないこともなかつたのですが、台湾服の裁縫を教へることが出来ないので困りました。それで本島婦人を採用した公学校もありましたが、国語がわからず、多くは裁縫より外に何も教へられないので、不便甚だしいものでした。」と述べている[26]。附属公学校の主事であった武山光規も台湾人女性が女子教員に適している理由の第一に台湾語が話せることを上げ、更に裁縫科は生活様式と関わりがあるため台湾人女性の方が適しているとしている[27]。1920年代に入っても公学校の1年生を受け持つ教師は、日本語を解せない児童や家族とやり取りをする上で台湾語が話せないと務まらないとされていた[28]。これらのことから、公学校の女子教員として求められたのは、台湾語が話せ且つ日本語が理解でき、台裁を教えることができる人物であったことが見て取れる。そして、これらの条件を全て満たしていた台北第三高女の卒業生が女子教員として歓迎されていたのである。

2.3 日台共学と台湾裁縫

1922年2月6日に公布された新台湾教育令により実施された中等教育以上における日本人と台湾人の共学は、これまで台湾人女子生徒を対象としてきた台北第三高女の裁縫科教育に大きな変化をもたらすことになる。日台共学がもたらす女子教育上の困難な事項の一つとして国語教授などと並び裁縫科もあげられていた[29]。実際、台北第三高女でも「内地生に対しては和裁を主として洋裁を加へ、本島生に対しては台裁・洋裁・和裁を併修せしめて、いずれも家庭の実情に適せしめる様にした」とあることから、裁縫科は日本人と台湾人の別系統で教えられていたことが分かる[30]。裁縫科は、人間が生活を送るうえで必要とされる衣食住のうちの衣生活と関係があるため「家庭の実情」とは、それぞれの衣生

活が前提となっていたと推測される。一見、内台共学といえば全て同一のものが教えられていたかのようであるが、実際は一部の科目においては別系統のものが教えられていたのである。

　台湾服をめぐっては、同化政策が推し進められていたことから着用を禁止する意見もみられるようになるが、学校では台湾服の作製が依然として行われており、廃止になるのは 1937 年の皇民化政策によってである。『昭和 15 年度台北州立台北第三高等女学校一覧』の備考欄に「本島生ニハ四年三学期に台湾服裁縫ヲ課ス」とあり台裁が教えられていることになっているが、実際は、皇民化政策が推し進められるようになると台北第三高女では、台裁の授業がなくなり、担当していた台湾人女子教員もいなくなったという。1930 年代半ばの大橋公学校では、裁縫科を日本人女子教員と台湾人女子教員が担当しており、台裁も日本人女子教員が担当していたといい、台湾式のボタンの作製の時間だけ他のクラスを受け持っていた台湾人女子教員が日本人女子教員と入れ替わりに教えにきていたという[31]。要するに高等女学校においても公学校においても皇民化政策以前は、台裁が裁縫科の授業で教えられていたのである。公学校の裁縫科に関する実践録などを見ると時期により内容量に変化がみられるが、裁縫科で教えられていたのは和裁、洋裁、そして台裁であり、台裁で扱われる台湾服は児童の実生活と関わりがあるものとして教えられていた[32]。台湾人女子教員は裁縫だけではなく刺繍なども担当していたが、これらのうち和裁と洋裁、日本刺繍（後にフランス刺繍も取り入れられる）は日本人女子教員が担当することが多かったようである。台湾人女性が民族と性による二重の差別の下で台湾人女性として活躍する場として与えられたのは、とりわけ台裁においてであったのではなかろうか。とはいえ、表 1 - 1 から表 1 - 6 に示された各科目の授業時間数の推移から、裁縫科に関する授業時間数が 1919 年以降減少していることが見て取れる。限られた時間数の中で、台裁はその内容も然ることながら台湾人の衣服生活と密接な関わりを持っていたにも関わらず主流になることはなかったのである。

3．女子教員の活動の場

　台南師範学校附属公学校主事の西巻南平は、女子教員は「(一) 幼児及低学年児童の教養に適任である。(二) 女児の教師として適任である。(三)語学の教師として適任である。(四)裁縫家事の如き教科に対しては、女教師としての独特な活動舞台がある。」と述べている[33]。このような考え方は、学校現場では一般的なものであったようで、1924年に講習科を卒業した後に嘉義にある蒜頭公学校の教員となった邱鴬鷰は、教育内容が比較的簡単とされる2年生の受け持ちとなり、この他に高等科の刺繍並びに5年生の裁縫と刺繍も受け持った。蒜頭公学校では、日本人の男性教員ばかりで女性教員は邱鴬鷰ただ一人であり、給与の面では差別があったとするが彼らとは良い関係が築かれていたという[34]。低学年や裁縫科などを受け持つことが多かった背景には、前述した台湾語の問題もあるが、それ以上に彼女たちが台北第三高女の女子教員養成課程で学んだ教育程度が関わっていたのではなかろうか。例えば、1917年に技芸科を卒業した郭氏為治のように、国語や算術を教えることができるか否か不安を感じ1920年と1923年の二回にわたり学力向上のために講習会を受けている者もいる。[35]。

　台湾人女性が纏足から解放され、従来の生活空間であった私的空間である「家」から学校という公的空間に引き出されることにより、系統立てられ規格化された裁縫技術を身に付けることが可能となった。同時に、高等女学校在籍中に学んだ知識や技術、女性としての立居振舞などは高等女学校を卒業した後も彼女たちの体を通して家庭や公学校において体現されていくことが求められており、「本島婦人の先達となつて全風の作風につとめ、以て幸運の進展を資け」[36]たり、女子教員に対しては「一面に良妻賢母として、地方先覚者として、知らず識らず他を誘導啓発せし効果亦顕著なる」ことが求められていた[37]。台湾人社会においても、台湾人女子教員は台湾人生徒の手本となる存在であるため、女子教員自身が更に修養を行い、研究を怠るべきではないという主張が見られるようになる[38]。つまり、他者の模範となるべき存在であることが求められていたのである。陳宝玉（1932年補習科卒業）は、士林公学校の3・4年生の受け持ちであった劉郭金玉（1922年師範科卒業）により「優し

く美しい金玉先生の薫陶に女子の躾を知らずしらずの内に植え付けられました。」と回顧している。一例に過ぎないが、少なくとも陳宝玉には劉郭金玉が憧れの存在として映っており、「女子の躾」を自分の中に内面化していったことがうかがえる。陳宝玉自身も後に女子教員として母校の士林公学校に勤務している。彼女は、母校に戻る前は交通に不便な場所にある公学校に勤めていたが、結婚を機に士林に勤めることになり、その活動内容は学校の中だけに限らず国語講習会の手伝いなどの社会教育に関する仕事にも及んでいた[39]。限られた人材の中で女子教員の職を得ようとする場合は、必ずしも家の近くではなく陳宝玉のように通勤に時間がかかる場所で教師になる者もおり、游鑑明は、「機会を獲得するため、女性の生活空間は片隅に限定されることはなくなり、無限に広がっていったのである。」と指摘している[40]。

おわりに

　台湾人女子教員は、女子教育を展開していく上で重要な位置にあると同時に同化政策を達成するための重要な役割も担っていた[41]。教育関係者は、女子教育を通して台湾人家庭の中から同化を行うことを重要課題としていたため女子教員の養成を急務としていたが、女子教育に消極的な態度を示していた植民地政府によって女子師範学校が設けられることはなかった[42]。そのため、台北第三高女における教員養成課程は重要な位置を占めることになる。これまでの先行研究で明らかにされたように、植民地統治下において教員という職業の地位は高かったが、公学校の教員になったとしても彼女たちは結婚を機に退職してしまうことが少なくなかったようである。その理由は、公学校の女子教員たちの多くが中上流層の家庭の出身であったことと深く関係しており、仮に退職したとしても十分生活を送っていくだけの経済的なゆとりがあることを意味していた。しかし、台湾女子教員たちの待遇面は決して良いものではなく、民族と性による二重の支配下に置かれており、低学年並びに裁縫科や家事科といった限られた科目が台湾人女子教員の主な活動の場であった。

　裁縫科教育の視点から台湾人女子教員を取り巻く状況を再考すると、

台湾人女子教員は、裁縫科の中でも特に台湾人の衣服生活とかかわりの深い台裁を主な活動の場としていたことが明らかになった。しかし、教育制度が整備されるにつれ裁縫や刺繍といった技芸科目の授業時間数は減少していくことになる。台裁を活躍の場としていた台湾人女子教員の存在を考えると、植民地統治体制下における民族と性による差別構造の中で、台湾人女子教員たちが自分たちの居場所を獲得していく過程では、必ずしも民族と性が「負のベクトル」として作用していたとはいえないのではなかろうか。特に、このような傾向は台湾人女子教育がはじめられた草創期に顕著であったことがうかがえる。台湾人女子教員たちは、植民地統治下において日本語により近代的な知識を身につけ、結婚するまでの短期間であったにせよ社会に出て働く職業婦人としての地位を獲得していた。彼女たちが身に付けた技術とは、伝統的な台湾社会において各家庭ごとに母親から娘へと教えられていたものではなく、学校という場において統治者の指導の下に系統立てれ規格化されたものが女子教員によって一斉授業の形で展開されたものである。このことは、台湾人女性たちが学校という公の場に引き出されることにより初めて可能となる。しかしながら、台湾人女子児童の就学率から考えるとこのような裁縫技術に接することができたのは一部の限られた女子児童であったといえよう。

　本稿では、教育関係者からの視点でのみ考察を行っており、植民地政府の女子教育に対する具体的な動向についてまでは言及することが出来なかった。また、ジェンダーの視点から裁縫科教育を読み解くためには、学校教育だけではなく未就学の女性たちを対象にした各種講習会などにも目を配る必要があるであろう。今後は、これらの反省点を踏まえ、植民地統治下の女子教育における裁縫科の位置づけや意義について更に考察を進めていきたいと考える。

　尚、本稿は2013年3月16日に中京大学にて行われた植民地教育史研究会第16回研究大会における発表原稿に加筆訂正を行ったものである。

表 1-1　1898 年（M31）国語学校第三附属学校規程における
　　　　手芸科の科目並びに 1 週間授業時間数

	修身	国語	裁縫	編物	造花	刺繡	読書	習字	算術	唱歌	計
第一学年	1	3	6	6	12	12	3	1	1	1	34
第二学年	1	3	6	6	12	12	3	1	1	1	34
第三学年	1	3	6	6	12	12	3	1	1	1	34

注：刺繡と造花は選択　　　　『創立満三十年記念誌』55 - 56 頁より作成

表 1-2　1906 年（M39）国語学校第二附属学校規程における
　　　　技芸科の科目並びに 1 週間の授業時間数

	修身	国語	算術	理科	裁縫	造花	刺繡	習字・図画	唱歌・体操	計
第一学年	1	4	2		11	10	10	2	2	32
第二学年	1	4	2	1	11	10	10	2	1	32
第三学年	1	3	1	2	11	12	12	1	1	32

注：刺繡と造花は選択　　　李園會『日據時期台灣師範教育制度』83 頁より作成

表 1-3　1909 年（M42）国語学校第二附属学校技芸科の科目並びに
　　　　1 週間の授業時間数

	修身	教育	国語	漢文	算術	理科	家事	裁縫	造花	刺繡	習字図画	手工	唱歌体操	計
第一学年	1		8	2	2			6	4	4	2・2	3	1・1	36
第二学年	1		6	2	2	2	2	5	4	4	1・2	2	2・1	36
第三学年	1	3	5	1	2	2	2	4	4	4	2	2	3・1	36

注：刺繡と造花は選択　　　　『創立満三十年記念誌』55 - 56 頁より作成

表 1-4　1919 年（T8）台北女子高等普通学校における
　　　　師範科の科目並びに 1 週間の授業時間数

	修身	教育	国語	漢文	歴史	地理	算術	理科	家事	裁縫	手芸	図画	音楽	体操	計
師範科	2	6	6	2		2	2	2		5	2	3	2		36

『創立満三十年記念誌』119 - 1920 頁より作成

表 1-5　1919 年（T8）台北女子高等普通学校における
　　　　師範科の科目並びに 1 週間の授業時間数

	修身	教育	国語	漢文	歴史	地理	算術	理科	家事	裁縫	手芸	図画	音楽	体操	計
講習科	2	6	6	2	3	2	2	2	3	2	2	2	2	2	36

『創立満三十年記念誌』119 - 1920 頁より作成

表1-6　1926年（T15）台北州立台北第三高等女学校の講習科における科目並びに1週間の授業時間数

	修身	国語	歴史	地理	数学	理科	家事	裁縫	手芸	図画	音楽	体操	教育	台湾語	計
講習科	2	△7 ◎6	2	2	3	2	2	2	2	2	2	2	6	△2 ◎3	36

注：△は「台湾語ニ通スル者」、◎は「其ノ他ノ者」に課される配当時間

『創立満三十年記念誌』151－152頁より作成

表2　1908年から1943年までの初等教育学齢児童在学比較

類別 年度	学齢児童			就学児童			百分率		
	台女	台男	日女	台女	台男	日女	台女	台男	日女
1908	329,615	400,365	2,457	3,350	32,641	2,212	1.02	8.15	90.03
1913	322,302	382,260	5,142	5,829	52,789	4,825	1.81	13.81	93.84
1916	354,358	398,003	6,910	10,082	72,760	6,505	2.85	18.28	94.14
1918	357,435	407,964	8,196	17,684	102,531	7,747	4.95	25.13	94.52
1923	303,786	340,371	10,982	35,766	148,471	10,653	11.77	43.62	97.00
1926	316,061	346,096	12,438	39,346	148,820	12,203	12.45	43.00	98.11
1928	330,795	356,587	14,453	45,598	159,197	14,199	13.79	44.64	98.24
1933	387,455	409,532	19,297	79,864	215,197	19,146	20.61	52.55	99.22
1934	399,103	422,640	19,908	89,870	230,106	19,724	23.20	54.44	99.08
1937	451,335	481,839	21,918	134,651	297,946	21,810	29.83	61.84	99.51
1938	481,579	515,115	21,638	164,333	332,182	21,518	34.12	64.49	99.45
1943	475,459	516,393	24,996	289,810	417,542	24,901	60.95	80.86	99.62

游鑑明『日據時期台灣的女子教育』1988年、286頁より作成

表3　台湾人・日本人別女学生の同年齢層者に対する比率

年度		入学者数	6年前の初等学校			高女在籍者数 学齢児童数 (%)	高女在籍者数 就学児童数 (%)
			学齢児童数	就学児童数	就学率 (%)		
1922	台湾人女子	276	354,358	10,082	2.85	0.08	2.74
	日本人女子	536	6,910	6,505	94.14	7.76	8.24
1932	台湾人女子	375	316,061	39,346	12.45	0.12	0.95
	日本人女子	1,069	12,438	12,203	98.11	8.59	8.74
1940	台湾人女子	670	399,103	89,870	23.20	0.17	0.75
	日本人女子	1,483	19,908	19,724	99.08	7.45	7.52
1943	台湾人女子	809	451,335	134,651	29.83	0.18	0.61
	日本人女子	1,722	21,918	21,810	99.51	7.86	7.90

山本禮子『植民地台湾の高等女学校研究』多賀出版、1999年、63頁

表4 1908年から1943年までの初等教育学齢児童在学比較

制度及科別/方向		在職者				家業従事者				進学者			死亡者	計
		公学校訓導タル又ハ中等学校教諭嘱託等	同准訓導又ハ教員心得又ハ共ノ他ノ教員	官衛又ハ会社ノ雇員	看護婦助産婦等	以前ハ教諭タリシモノ	以前准訓導又ハ教員心得母タリシモノ	以前官衛会社ニアリシモノ	初ヨリ家ニ在リシモノ	本校（現）補習科	台北第一師範学校演習科	内地進学中		
旧制度 国語学校附属学校	手芸科					2	15		12				10	39
	技芸科	23	9	2	7	85	97	1	62				33	319
台北女子高等普通学校	本科	78	3			70	49	7	25			2	6	240
	師範科	(34)				(45)							(6)	(85)
現制度 台北第三高等女学校	本科	(内)4 62	(内)3 39			(内)2 20	27	2	(内)39 217	(内)3 13	5		4	(内)51 402
	旧講習科	(36)				(30)								(69)
	講習科	2 (内)(3) 17				(内)(2) (9)	(15)					(3)		2 (内)(5) 17
		(58)												(85)
		10												10
計		196	51	5	7	179	188	10	355	16	5	15	53	1080

備考：旧制度ハ中国語学校時代ノ手芸科及技芸科ハ明治32年度ヨリ大正7年度マデ通計20回女子高等普通学校時代ハ大正8年度ヨリ本科4回師範科3回現制度ハ大正12年度ヨリ以後本科5回講習科6回ナリ但改正当時ニ於ケル旧講習科二回ノ卒業（三年）ヨリ入学ナレハ自ラ現制トハ別ナリ　托孤中ノモノハ井芸科及本科ト重積ナルモノナレハ計数二加算スルヲ以テ得ナリ実制度中（内）ハ内地人ナリ

【註】
1 田中友次郎「附属女学校時代の思出」台北第三高等女学校同窓会学友会偏印『創立満三十年記念誌』、290 頁
2 游鑑明『日據時期台湾的女子教育』国立台湾師範大学歴史研究所専刊（20）1988 年；游鑑明「日據時期公学校的台籍女教師」『日據時期台湾史国際学術研討会論文集』国立台湾歴史大学系、1993 年、559 － 633 頁；游鑑明「日據時期公学校女教師的揺籃：台北第三高等女学校（1897-1945）」頼澤涵主編『台湾光復初期歴史』中央研究院中山人文社会科学研究所専書（31）1993 年、365 － 435 頁；游鑑明「日本統治期における台湾新女性のコロニアル・モダニティについて」『東アジアの国民国家形とジェンダー』青木書店、2007 年、355 － 376 頁；洪郁如『近代台湾女性史』勁草書房、2001 年；洪郁如「明治・大正期植民地台湾における女子教育観の展開」中国女性史研究会編『中国女性史』吉川弘文館、1999 年、244 － 261 頁；葉倩瑋「植民地統治下台湾におけるジェンダーと空間―植民地権力と私的空間―」『お茶の水地理』第50 号、2010 年、48 － 62 頁；新井淑子『植民地台湾における高等女学校の女教師の実態と意識―アンケートとインタビュー調査資料―』平成 7 年度～ 9 年度科学研究費補助金（基盤研究（C）(2)）研究成果報告書、1998 年など
3 台北師範学校創立三十周年記念祝賀会『台北師範学校創立三十周年記念誌』1926 年、43 － 48 頁；吉野秀公『台湾教育史』1927 年（復刻　台北：南天書局、1997 年) 221 頁；吉野は、伝統的な教育に対するものとして「新教育」という表現を用いており、児童中心主義による教育や郷土教育等をはじめとする「新教育」とは異なる。
4 本田茂吉「在職当時の感想叢談」前掲『創立満三十年記念誌』322 頁；『台北第三高等女学校同学録』には、陳阿娥の名前は見られないが 1900 年の手芸科第一回生卒業生の中に陳娥の名前があるが同一人物かどうかは不明である。
5 台湾教育会『台湾教育沿革誌』1939 年（復刻　台北：南天書局、1995 年）714 － 721 頁
6 前掲『師範学校創立三十周年記念誌』76 頁
7 前掲『台湾教育沿革誌』826 － 840 頁；彰化女子高等普通学校にも師範科が設けられたが生徒の募集は行われなかったため、実質上台北女子高等普通学校のみが女子教員の養成を担うことになった。；前掲『創立満三十年記念誌』113 － 119 頁
8 前掲『創立満三十年記念誌』122 頁；西岡英夫「台湾人女学生の寄宿舎生活＝艋舺附属女学校の学寮見聞記＝」『台湾教育』第 170 号、1916 年、46 － 51 頁
9 前掲『創立満三十年記念誌』121 頁
10 前掲『台湾教育沿革誌』1939 年、669 － 670 頁；前掲『創立満三十年記念誌』22 頁；同年、彰化高女の講習科も廃止される。
11 前掲『創立満三十年記念誌』170 － 171 頁；補習科は、不定期退職が多い公学校女子教員を補充する役割を担っており、無試験検定の特典があった。教員養成課程の内容は講習科と変わりはなかったが、教育実習期間の短縮、

自宅からの通学が許され寄宿舎への入寮が強制されないなどの点が異なっていた。
12 陳阿素 聞き取り調査2004年11月12日台北にて実施；游鑑明（1993）375 - 376頁；教員の資格については前掲游鑑明「日據時期公学校的台湾女教師」576 - 578頁、前掲『創立満三十年記念誌』145 - 146頁に詳しい。台北女子高等普通学校の講習科では訓導の資格が得られていた。
13 洪郁如、前掲『近代台湾女性史』109 - 110頁
14 山本禮子『植民地台湾の高等女学校研究』多賀出版、1999年、72頁
15 表4の人数には日本人生徒数も含まれている。尚、前掲『創立満三十年記念誌』169頁に記された昭和3年9月末現在の「全島公学校女教員調」には次のようにある。

調査事項	内地人	本島人	番人	計
全島公学校女教員総数	302	393		695
当校出身女教員数	21	226		247
総数百人ニ対スル当校出身者	6.95	57.65		35.54

16 柯洪氏愛珠「士林の昔話」前掲『三十年記念誌』366頁；蔡曹氏緑「遠い思出の中から」同370頁；林黄氏阿娥「三十年前の女子教育」同前375頁；梁張氏蝦「入学当時の思出」同377頁；李張氏査某「尊い女教師の名に憧れて」同前378-379頁；張陳氏紅綢「恥しらぬ女に」同前380頁；林黄氏包「士林女学校時代の思出」同前381頁；張李氏徳和「笈を負うて学都士林へ」同前382頁；陳鐘氏腰涼「教育ある庭に光明あり」同前430 - 431頁；郭氏為治「初めて女学校の門をくぐる」同前434頁；ヤジュツ・ベリヤ「蕃語教授と思出の数々」同前438頁；劉郭氏金玉「思出の意図をたどりて」同前473 - 474頁
17 前掲游鑑明「日據時期公学校的台湾女教師」、604頁
18 『昭和3年度台北州立台北第三高等女学校一覧』；張洪氏咩は「台湾を彩る本島人女性」の一人として『台湾日日新報』1930年6月14日に掲載されている。
19 大橋捨三郎「士林時代初期の造花と裁縫教授」前掲『創立満三十年記念誌』348 - 353；呉鳳については、前掲『台湾教育史』364頁参照
20 久芳とし「赴任当時の事ども」前掲『創立満三十年記念誌』341 - 343頁；久芳とし「本校刺繍科に於ける既往の発達と変遷（其の一）」同前、346 - 348頁；久芳とし「本校刺繍科に於ける既往の発達と変遷（其の二）」410 - 413頁；台湾総督府内務局『台湾児童の長所短所及長所に就て』1921年、1 - 7頁（アジア歴史資料センター所蔵）；滝澤佳奈枝『日治時期台灣的技藝教育—為台北第三高等女學校以中心』淡江大学日本研究所碩士論文、2005年、95 - 96頁
21 鬼澤かね「附属女学校時代の造花教授の思出」前掲『創立満三十年記念誌』403頁
22 大橋捨三郎「艋舺移転後の公学校裁縫教授の研究」前掲『創立満三十年記念誌』415頁

23 蔡曹氏緑「遠い思出の中から」前掲『創立満三十年記念誌』370頁
24 「林蔡娩女子訪問記録」『走過兩個時代的台灣職業婦女訪問記録』中央研究院近代史研究所、1994年、182頁
25 高木平太郎「本島女児の教育に就いて」『台湾教育会雑誌』第70号、1908年、36頁
26 加藤元右衛門「二十二年前の女子師範設立問題」前掲『創立満三十年記念誌』354頁
27 武山光規「今昔小話」同前、455 – 456頁
28 台北市士林区士林国民小学『士林國小一佰年紀念專輯』1999年、233頁
29 川上蒼村「内台人協調の楔子」『実業之台湾』第14巻第5号、1922年、20 – 21頁
30 前掲『創立満三十年記念誌』156頁；台湾語科においても別系統の授業が行われており、日本人には会話を台湾人には漢文の講読を行っていた。
31 大橋公学校第七期卒業生（1930年入学、1936年卒業）に行った聞き取り調査による。卒業後は第三高女に進学し、第三学年からは手芸科と英語科に分かれていたが、手芸科を選択したとのこと。2010年10月20日台北市内で実施。
32 滝澤佳奈枝「植民地台湾の公学校における裁縫教育—木下竹次の裁縫学習法を手がかりとして—」『日本植民地・占領地教科書と「新教育」に関する総合的研究～学校教育と社会教育から』平成22年～24年度科学研究費補助金（基盤研究（B）（一般））研究成果報告書、170 – 175頁
33 西巻南平『公学校教師論』1929年、台北：子供世界社、65 – 66頁
34 「邱鴛鴦女士訪問記録」前掲『走過兩個時代的台灣職業婦女訪問記録』79頁；男性教員たちとの関係は友好的であったが日本人教師たちが台湾人教師よりも給与が良く、更に女性よりも男性の方が給与が良かったのは不公平だとし、その理由を持っている免許の資格が異なるからだとしている。
35 郭氏為治「初めて女学校の門をくぐる」前掲『創立満三十年記念誌』436頁
36 脇野つい「本島生に対して家事教授の思出」同前、401頁
37 長谷八太郎「不安時代の教育状況を顧みて」同前、425頁
38 前掲滝澤佳奈枝（2005）、74 – 47頁
39 陳培豊『同化の同床異夢』164頁；前掲游鑑明「日據時期公学校女教師的搖籃：台北第三高等女学校（1897-1945）」478頁；台北市士林区士林国民小学『士林國小一佰年紀念專輯』1999年、233 – 235頁；先述の邱鴛鴦の最初の勤務校であった蒜頭公学校も家から遠く交通が不便であったが、婚約を機に家から比較的近い竹崎公学校に勤務している。（前掲『走過兩個時代的台灣職業婦女訪問記録』77 – 80頁）
40 前掲游鑑明「日本統治期における台湾新女性のコロニアル・モダニティについて」、363 – 364頁
41 前掲游鑑明「日據時期公学校的台籍女教師」615頁
42 前掲洪郁如『近代台湾女性史』106 – 107頁

日本統治下朝鮮における
朝鮮人高等女学校生徒の「皇国臣民」化**

有松しづよ*

はじめに

　日中全面戦争勃発（1937年7月）以降、日本が敗戦するまでの国家総力戦体制期に朝鮮総督府（以下、総督府）が推し進めた「皇国臣民」（以下、皇国臣民）化政策は、「日本精神が朝鮮半島の隅々にまで浸徹し、半島二千四百万の民衆が心の底から骨の髄まで完全な日本人となり切る」[1]ことをめざしていた。とりわけ徴兵制導入が決定すると、実徴集までの2年間で、長年に亘り牢固として潜在し続けてきた「兵は人間の屑なるが如く考へ今に至るまでその考へがぬけない」[2]朝鮮人に「兵となる名誉を大いに悟らせ」[3]、「青年は安んじて軍隊に入り又父兄は喜んで子弟を軍隊に入れて以て忠勇なる戦士としての修練を積む」[4]環境を創ろうと邁進した。このおりに「国民運動として特に必要」[5]とまで言われたのが朝鮮女性、なかんずく朝鮮人母親（以下、母親）の皇国臣民化を図ることだった。皇国臣民化教育を受けて育った朝鮮の青年が志願して兵士になろうとする時、まっさきに反対したのが母親であり、それが総力戦体制を阻むほどの影響力を持つ存在として総督府の眼前に立ちふさがっていたからである[6]。総督自ら、定例局長会議並国民総力運動指導委員会（1942年2月3日）の席上で、「新に婦人啓発運動を活発に展開させて、皇国女性としての錬成を積ましめ、戦時下国家の要請に適ふ婦人の活動を促す」[7]よう、その対策を指揮したほどであった。
　このようななかで総督府が、陸軍特別志願兵制度のような一部の朝鮮

＊志學館大学専任講師
＊＊本稿は、2013年度九州大学韓国研究センター「AKS研究プロジェクト助成金」を受けての研究成果である。

青年を対象とするものではなく、全朝鮮青年が対象となる徴兵制度を円滑に展開していくには、朝鮮人に「己を空しくして只ひたむきに君国に一身を捧げまつる境地これが即ち日本精神の真髄であり皇国臣民の本分であ」[8]ることを習得させ、「一身一家の利害とか国民全体の休戚とかいふことは考へられないことであり、国民は唯ひたむきに上御一人の御為に其の全霊全身を捧げて御奉公申し上げ」[9]なければならないことを知らしめなければならなかった。そのうえで、母親に「国家の危急に際しては、直に我が夫により我が子を通して、壮烈鬼神をも泣かしむる至誠尽忠の行為となり、我が子をして克く君国に殉ぜしむると共に、自身亦家や国家に総てを捧」[10]げなければならないのだということを納得させなければならなかった。これについて、女子教育関係者たちは、「今迄は唯日本女性として、皇国女性としての錬成教育であつたものが軍国の妻として、軍国の母としての教育でなければならなくなりました。所が朝鮮の婦人達は国軍に対する理解と、それに対する体験を有たない為に、全く白紙であ」[11]るとして、まず学校教育において施していく考えを示していた。

　朝鮮における総力戦体制下の朝鮮人を対象とする高女教育については、京城舞鶴公立高等女学校（以下、舞鶴高女）の「内鮮一体」（以下、内鮮一体）教育とそれを牽引した初代校長長谷山利市（以下、長谷山）の教育理念や方針を考察した新井淑子の研究がある[12]。舞鶴高女は、総督府が1940年3月30日に「内鮮一体、国体明徴、忍苦鍛錬の具体化、可視化、実体化」を目的に創設（朝鮮総督府告示352号）した学校で[13]、生徒も「内鮮丁度半々」[14]の割合で在籍していた。1938年4月に施行された、「国体明徴」「内鮮一体」「忍苦鍛錬」を三大綱領とする教育令改正の、いわば申し子として誕生した学校であった。新井は、日本人と朝鮮人生徒をひと組とする「学友制度」（以下、学友制度）を導入した内鮮一体教育の実態、その結果としての、血書をもって軍属志願したほどの生徒等の言動、また卒業後の生活や戦後における学友の交流の様子等まで明らかにしており、総力戦体制下の総督府が高女教育において推し進めようとしていた内鮮一体教育の、言うならばモデル校における模範的な有り様をみることができる。本稿では、総力戦体制下の高等女学校（以下、高女）において、近い将来に母となる朝鮮人高等女学校生徒

の「軍国の妻として、軍国の母としての教育」、なかんずく「軍国の母としての教育」（以下、軍国の母としての教育）がどのように進められようとしていたかを、1943年4月の教育令中改正において新設された家政科および「修練」（以下、修練）の内容から明らかにする。そしてそれがどのような人間像をめざすものであったかを、総督府が提示していた軍国の母としての模範像や日常生活のあり方、また雑誌『新女性』に登場した母親の言動等を通してみることにする。

1、家政科の新設

（1）教育令中改正と中等学校教育の変容

　1943年4月、「内地」（以下、内地）における中等学校令施行にともない朝鮮においても「斯域同胞の皇民錬成を完うせんが為内地と歩調を一にして、学制の広範囲なる改革」[15]が行われ、旧来の中学校、高女および実業学校は中等学校令のもとに統一された。第一条において「中等学校ハ皇国の道ニ則リテ高等普通教育又ハ実業教育ヲ施シ国民ノ錬成ヲ為スヲ以テ目的トス」が掲げられ、教育の方向と帰趨が明らかになった。以下、「改正中等学校制度の指導精神」[16]からその概略を述べることにする。

　「動もすれば中等学校に属すべき中学校、高等女学校及実業学校の教育が、国民生活から遊離し、知能技能の教育に堕し、中堅有為の国民を錬成すべき中等学校の教育の本来の目的を逸脱」していたのを改め、「我国固有の国体に淵源する教育精神を徹底し、皇国の道に則つて、我が国家理念の下に、日本的世界観の下に、一層心身を一体とせる実践鍛錬の教育を重視し、国民としての性能を啓培し、国家の中堅たるべき有為の人物を錬成」することにした。「錬成」（以下、錬成）とは「生徒の身体及び精神の全能力を全体的に錬磨して忠良なる皇国臣民に育成する」ことであった。これを機に教育の「刷新充実と一体不離の関係に於て」修業年限が4年に改められ、学科目の「簡素化」が行われた。学科ごとに「分離孤立し或は学問的体系に拘泥する結果、全一的な人物錬成」をするには「遺憾な点」があったことから教科を国民科、理数科、体錬科、芸能

科、実業科、外国語科に統合分類、女子については家政科を新たに設けて「全体的統一」教育を徹底し、「国民精神の昂揚、学識の深化識見の長養、体位の向上を図り、産業並に国防の根基を培養」していくことになった。結果、教科は、「中堅有為の皇国臣民」としての資質を錬成する教育の「大分節」となり、「教科のために教科を教える」という姿勢が改められ、「皇国臣民錬成のための教育手段」となった。これに加え、教科教育の「行的発展」を図るとして修練課程が新設され、「教科及修練」という形で教科教授全体と同格に位置づけられた。「学業一体心身一如ノ修練」を通して生徒に「皇道の道に対する確固たる信念」を習得させ、「尽忠報国ノ精神ヲ発揚シ献身奉公ノ実践力ヲ涵養」するもので、「皇国臣民錬成」の「具体的効果」が期待されていた。総督府はこれまでも、「皇国臣民錬成」のための教育的効果を期待して勤労作業や国防訓練等の「修練的行事」を「行による教育」と位置付け、教科外の施設として実施してきた。とは言え、「動もすれば断片的偶発的なるに傾き、単に行事のための行事に終わる場合も少なく」なかったことから、「かくの如き弊を改めん」としたもので、勤労作業や国防訓練等を「組織化」して正課とし、「訓練的効果の発揚に充分留意」することにしたのである。修練には「日常行ふ修練」と「毎週定時に行ふ修練」、「学年中随時に行ふ修練」とがあり、「定時修練」は一週間におよそ3時間、「随時修練」は一年に約30日が充てられていた。次の五項目は、その指導方針である[17]。

 （一）皇国ノ道ヲ躬行セシメ尽忠報国ノ精神ヲ発揚スベシ
 （二）学業一体・心身一如ノ修練ヲ積スシメ創造的実践的性格ヲ育成スベシ
 （三）師弟同行学友相互ノ砥励切磋ヲ重ンズベシ
 （四）礼節ヲ尚ビ規律ヲ重ンジ挙校一体ノ精神ニ徹セシムベシ
 （五）特技技能ヲ伸長セシメ自発的研究ノ精神ヲ涵養スベシ

　修練は、「新制中等学校の教育方針の根本精神が実は修練が目途するところそのものを原理」[18]としていたことから、「いわば教科教授の仕上げとして位置づけられ」[19]ていた。そうして「教科と修練とを併せ一体として皇国臣民錬成の一途に帰せしめ、学業一体、心身一如、総てこ

れ人格の力たらしむるやう努めしめ、学校一体、皇国臣民錬成の道場たらしめようと」[20]していた。朝鮮も中等教育の総力戦への対応を整えたのである。なお、指導方針のうち、「皇国ノ道ヲ躬行セシメ尽忠報国ノ精神ヲ発揚スベシ」は、内地においては示されていない。戦局現前の要求が「明日の国民運命を左右し、正に一瞬の懈怠をも容さない」[21]という状況において、「何のために、誰のために戦ふのか」[22]と思想的懐疑に陥るおそれが見受けられたが朝鮮青年に、「朝鮮は日本の朝鮮であり、朝鮮人は名実ともに日本人とならなければならない」[23]のだと納得させ、戦争へと駆り出すには、「皇国ノ道ヲ躬行セシメ尽忠報国ノ精神ヲ発揚」が、それだけ「何を措いても堅実に而も急速に進め」[24]なければならなかったのである。それだけ朝鮮における中等学校生徒に対する皇国臣民化政策が内地のものより上回っていたことがわかる。

（2）家政科教育の方針と内容

家政科は、「「我ガ国ノ家ノ本義ヲ明ニ」することと「皇国女子ノ任務ヲ自覚セシムル」ことが土台となり、家政、育児、保健、被服等の分野に於ける夫々の実務を習得せしめつつ勤労の習慣と婦徳の涵養をなすのがその眼目」とし、「特に従来の如く技術の教授のみに没頭することなく、我が国の家の本義を明らかにし日本婦道の修練に重点を置い」た[25]。そのため、二年次までは国民科に次いで、三年次以降になると国民科とならんで最も多くの授業時間が割り当てられていた。総督府の、家政科に対する期待がそれほど大きかったといえる。教授にあたっては、修練、国民科、理数科との関連に留意しながら、「齊家報国の精神を涵養することを第一義として家庭生活の国家観点よりの重要性を知らしめると共に、国民的自覚を深めると共に、体験に即する学習をなさしめ工夫研究の態度を養ひ勤労の習慣を育成することに努めるのである。而して日常の生活を唯無批判的に旧套を黙守することなく、科学的経済的に処理する能を得しめ家庭生活を改善する素地を培はねばならない」[26]としていた。また「皇国の美しき伝統を堅持高揚すると共に国民生活の実態に即し乍らその改善を要すべき部面は思ひ切つて工夫と創意を加へて実生活に浸潤せしめならない。しかも求めるところのものは高遠なる理論にあらずして卑近なる日常生活における実践そのものである故に何処までも

生徒の生活に即して体験による学習たらしむるべく勤労を中心とする錬成でなければならな」[27]いとしていた。そのため、「特に一、二年に於ては各科目に分化せずして、家政科家政、育児、保健を一括して「家事」として教授することに」し、「教材の大部分は家事手伝者としての生徒日常の生活体験に即して家政、育児、保健等の基礎的理会を得しめることに主力を注いで居」た[28]。家政科の教授要目はつぎのとおりである[29]。

家政　主婦として任務祭事、敬老、子女の教育、住居及燃料、家庭の経済等一家運営の大要につき習得せしむる

育児　育児と母との関係、乳幼児の発達の状況、疾病の予防と手当及び母子の養護等に関する乳幼時保育の大要につき習得せしめると共に育児の国家的重要性と母性愛の本質につき透徹せる自覚と与える

保健　国民保険の国家的意義を明らかにし食物、疾病の予防、看護及び救急処置の家庭保健の実務の大要に習熟せしめる

被服　従来の裁縫の如く裁ち縫ふことの技術の伝達に終始することなく被服の使命、その材料並に裁縫の技術、被服の整理等「全体のなりふり」につき保健、衛生、経済、能率等の観点より合理的にして簡素剛健なる被服生活に関する実務を習得せしめ、節約利用の習慣を体得せしめる

それでは、具体的にどのような授業が行われようとしていたのかを教科書『家政　全』[30]にみていきたい。「第一　家政の本義」、「第二　家庭教育」、「第三　家庭経済」、「第四　家庭生活の充実と刷新」、「第五　隣保共助」、「第六　主婦の任務」の六つカテゴリーから成り、各内容は概ね上述した教授要目を敷衍したものである。そのうち「第二　家庭教育」にもっとも多くの頁が割かれ、家庭を子女教育の「道場」とし、母を「重要任務を負うべき者」と定めている。そのうえで「母たるもの」は、「道義の精神を啓培する」、「困難な時代に耐へ抜く強い意思の鍛錬によつて質実剛健・堅忍持久・勇往邁進の精神に富む子女を育成する」、「清雅な情操を陶冶し、明朗な性格と高潔な品性とを養ふ」、「よい躾によつ

て、日常生活の間に、勤労を尚び物資を活用習慣を養ひ、忍苦の精神を鍛錬する」、「世の務めを果たすに欠くことのできない資本である身体の養護・鍛錬に力を注ぎ、強権な身体と雄渾な気魂とを養成する」といった五項目にわたる「家庭教育の要諦」を「体得」実行しなければならないとする。だからこそ「常に自己の修養を高め、絶えず自己錬成」に努める必要があり、そうすることで「次代の社会人としての子女に健全な感化」をおよぼすことができるのだと述べる。そしてそれが「母としての任務を全う」することであり、「最も崇高な責務」と強調する。ゆえに「やがて母となる」生徒は母としての、「任務」を「よく自覚し」、修練に努めなければならないのだと論じている。修練を通して「子女が社会活動の培養源」であることを、やがて「社会文化に貢献する者」であることを「深く悟」らせ、家庭教育が「社会奉仕の重要な道」であることを「体得」させようとしていた。

　さらに、こういった「努力」を重ね、母となった暁のあり方についても記述がおよぶ。幼児期には幼稚園や保育所と「連絡を密にする」ことが、児童期には「先づ国民学校と家庭との連絡を十分にし、学校と力を合はせて公民となるための教育を行ふことに意を注ぐべき」とする。それゆえ「正義・奉仕」などの「徳性の涵養」に務めなければならないのだと、ここでも修練の意義が述べられている。また「将来の母としての資質の向上」につながるとして、「科学的教養の向上」に努めることや「常に保健に留意し、積極的鍛錬」努めることが「重大な責務」として示されている。三年生からはこのような教育を踏まえての、いっそう「国民生活」に密着した教育が、つぎの点に留意して進められることになった。

　　家政　齊家報国の精神を振作せしめることは当然であるが、家庭は祖先より伝承せられたる魂を母の血に依り伝へられ母の懐に芽生え更に母の営む「皇国の家」に依つて国民精神が涵養される所以を知らしめると共に我が国家庭の美風を尊重するの態度を養はねばならない。
　　　　　しかも一家の運営はたゞ個人や一家の幸福繁栄をのみ希ふ考へ方を捨て、天業翼賛の一単位となると共に家庭をして大東亜指導育成の苗圃であることを常に念頭に置いて為すべき

である。従つて家庭生活のすべては常に国運の進展に貢献するの信念の下に堅実なる国民生活を創造するの根基を養う。

育児　子女を生み之を国家目的に合ふ様に育てることは我が国女子の天職であり、国力の根基を培養するの所以に外ならないのであるから、これを尊重し重視することは勿論、出来得る限り実習を課して体験せしめねばならない。る。実習の方法として地方の実情に即応する様に育児施設を「夫々工夫研究すべきである。

保健　家庭保健を維持し活動力を向上せしむることは、主婦たるものゝ重要なる責務であることを自覚せしめ、国民保育に於ける栄養の意義を詳にして国民の食生活を正しく指導すると共に食物の調理と相俟つて日常生活の衛生を指導しなければならない。

被服　国民生活における被服の意義を明らかにし国民の被服生活に対する正しき態度を養ふことに留意し、被服の裁縫及整理を一体として取扱ひ、質実を尚び更生利用に力むるの風を育成すると共に工夫創造の力を啓培せねばならない。

　一、二年次までの、「基礎的理会」を図るための「大要」を習得させる教育から、各項の語尾「態度を養ふ」、「根基を養ふ」、「体験せしめ」、「自覚せしめ」等にみるように、近未来に主婦となり母となる生徒が、その日から国家の求める主婦や母となり得る教育が進められようとしていたことが読み取れる。

　このような、「家政科に最も重点を置き家政科を中心として教科、修練の経営をな」[31]すのが、総力戦体制下の高女教育を特徴づけるものであり、総力戦への対応であった。「内地」と同様に朝鮮でも銃後における家庭を「国力に依つて生産された大事な物資を活用して国家の為にすべてを捧げるべき人を産み、これを育て尚活力を養ふ国民の道場」と位置付けられていたからである。それゆえに「その任務のすべては家政科の家政、育児、保健、被服の各科目に於て修練され」[32]ようとしていた。

2、「修練」の内容

　高女において、どのような「日本婦道」にかかる修練が実施されていたかを、京畿公立高等女学校（以下、京畿高女）の「日本的趣味養成」（以下、日本的趣味養成）や舞鶴高女における「日本的生活の建設」（以下、日本的生活の建設）および「国語常会」（以下、国語常会）に内容をみることにする。京畿高女（1908年に官立漢城高等女学校として創立、その後1910年の日韓併合により官立京城高等普通学校、京城公立高等普通学校、京畿公立高等女学校と改称）は朝鮮における最初の官立高等女学校として創立された朝鮮人生徒主体の学校であった[33]。また舞鶴高女にかかる情報は上述したとおりであるが、「一、心身に一分のすきのない生活（心身無敵）」「二、できないことをいふことのない生活（赤心奉行）」「一切を大君に捧げて私のない生活（背私向公）」[34]をモットーに教育を進めていたことを付け加えておきたい。

（1）「日本的趣味養成」と「日本的生活の建設」
　京畿高女における日本的趣味養成の方針や実態は、校長琴川寛（朴寛洙）の発言からうかがうことができる。

　　　私は日本的趣味養成といふことに眼目を置きまして、理知的にどうだ、斯うだといふよりも、情緒的に知らず識らずの間に日本的趣味を涵養するというやうな行き方を執つてみようといふ心組みでお花もやりますし、お茶もやりますし、色々その方面の音楽、殊に最近は詩吟などもやつてをります。女に詩吟はどうかと思はれませうが、これは和歌の朗詠が主体であります。それから割烹、裁縫迄も‥和裁です。それから和食、部屋の作り方、さういふ点に至る迄一々やつて行くといふ風に情操的に仕向けて行かうと考へてをります。それから庭なども日本流にやつて行かうといふことで熊々池を掘つたり、石や木をおいて見たりし、その合間合間に野菜を植ゑるといつたやうなことをぼつぼつやつてをります。又庭に灯篭を置いたり色々やつておりますが、短時日の間にはさう出来ないと思ひますが、

そのうちにだんだんそれが心の中に浸込んで行つて、それとなしに次第に日本的な情緒が芽生えて来るのぢやないかといふ感じが致してをります。お花の如きは大変良くなつてきました。それから詩吟のほうも一斉にやります以外に、特別にやらして呉れといふ希望者が相当あります。これは放課後の特別の時間にやつております。斯ういふやうなこともやつて来ておりますが、何分費用も掛かりますし、相当日にちを要することだと思ひます。綺麗な花を植ゑたり、色々と自分々々の花壇を作つたりすることは簡単にできますが、それだけでは余り皮相的なものですから、もつと渋みのある、さびのあるところをやつてみたいといふ感じが致してをり、ぽつぽつやつてる訳であります。これを家庭に迄波及させて、親達、而も母親が斯ういふ気持ちになつて欲しいといふことをだんだん子供を通してやつてをります。今年は和服をやらせ、娘に着せてをります。服装の改良も日本的生活に馴れさせ全部自分達で作つて、尤も家で常時きるといふことは難しいでせうが、着たい者は着ろ、親もそれを見て喜んでおります。学芸会などで生徒にダンスなどやる時には成るたけ日本風の娘の姿にして振袖などでやらせ、親もそれを見て自分の娘がやつてをるのを見て、喜ぶといふやうな方法を採つてをります[35]。

京畿高女の授業を参観した総督府学務局編輯課長島田牛稚は、このような取り組みが、学校における内鮮一体教育に有機的な効果をもたらすばかりか、家庭の内鮮一体化までにつながると賛同する。

先日琴川さんの所であの渋い能狂言を生徒がやつてをるのを見ました。多分に日本的な生活を学校教育で取り入れることになれば、自然家庭にそれが反映すると思ひます。今迄の教育はそこ迄日本趣味を取入れた教育が少なかつた為に、その子供が家庭に帰ると全く朝鮮従来の低い生活程度に堕して了ふ。それでこれからの学校教育がもつと趣味情操の教育を生活に取り入れて体験さして行けば、将来家の廻りに柴垣をつくつたり、庭の植込みや泉石に趣味を感ずる人を養成することが出来ると思ひます。さうしてその時こそ本当に

内鮮一体の実を挙げ得ることになるのだと私は思います。矢張り教育者がその心構へでやつて頂いて、時間は掛かりますが長い間に其の実をやり遂げて貰ひたいと思います[36]。

そうであったとしても、琴川の「そのうちにだんだんそれが心の中に浸込んで行つて、それとなしに次第に日本的な情緒が芽生えて来るのぢゃないかといふ感じが致してをります」、「何分費用も掛かりますし、相当日にちを要することだと思ひます」、「ぽつぽつやつてる」という表現や「時間は掛かりますが長い間に其の実をやり遂げて貰ひたい」という島田の発言から、京畿高女が日本的趣味養に取り組んではいたものの、それが意図していたようには進んでいないこと、その成果もいまだほとんど得られておらず、俟つものであること、しかも、「相当日にち」や「長い間」を要する状況にあったことがうかがわれる。

舞鶴高女における日本的生活の建設は、次のような長谷山の教育方針を顕現したものだった。

　　日本の母としての自覚を高めるために、今教壇から大きく呼びかけてゐることが三つあります。国語生活の徹底と、日本的生活の建設と、それからもう一つ倫理と愛情の問題ですが……この愛情については特に重大な問題だと思いますね[37]。

「倫理と愛情」について、長谷山は、朝鮮人生徒に「日本のむすめ特有のほのぼのとした和やかさがまだ足りない。だから情操教育とか何とかいふ言葉ではまだるっこい」[38]と述べたうえで、「三つの注文も、結局一つですな、日本的生活にまっしぐらにすすませれば、国語生活も出来るし、愛情と倫理ものびるし」と語る。そのための日本的生活の建設の実践が、四年次の「家庭演習」において「日本式生活化」（以下、日本式生活）と称して1943年5月から1944年11月まで実施されていた[39]。内容を、当時の家政科担任教員上田照子への聞き取り調査から明らかにした新井の研究から紹介する。日本人生徒と朝鮮人生徒からなるひと組の学友が土曜日放課後から月曜日朝まで校長宅で過ごし、日本式生活を体験する。日曜日には、他の学友1組が昼食に加わり、校長夫

妻、家事科担当教員、ふた組の学友が昼食をともにする。このような時間を月曜日の朝まで体験し、そこから登校する。「家庭学習」のあいだ、生徒は持参した着物を着用、食事作法をはじめとして、畳の部屋での寝具の使い方、寝具での就寝方法「休み方」、就寝時のあいさつ「おやすみなさい」に至るまで、丸二日間、日本式生活様式の「全て」を体験した[40]。なお、舞鶴高女における学友制度とは、「学校の基礎単位であり、生活単位」とするもので、訓練や授業に「すべて二人が一人」のようになって取り組むシステムだった。たとえば、一人が教師から質問を受け、答に窮した場合には学友が代わって答える。予習や復習、食事、掃除も、遠足にも学友を単位として臨んだ[41]。このシステムは長谷山が「戦友」というつながりから思いつき、導入したものだった[42]。

　ちなみに、日本式生活化を体験した生徒がどのくらいいたのかをざっと試算してみよう。前出新井によれば校長宅における宿泊体験は、十九ヶ月実施されていた。舞鶴高女の定員はおよそ一学年百六十人であり、1940年から1945年までに約九百名の生徒が入学し、四百五十組の学友が編まれたことが考えられる。それからすると体験できたのは多くて七十六組、つまり、一学年の生徒全員がやっと体験できたにすぎない。全入学生の二割程度の生徒しか体験できなかったことになる。しかも一度きりの体験で終わったと考えられる。どれだけの日本式生活を会得できたのか、気になるところである。

（2）「正しい国語」の「常用」

　「皇国臣民として国語を解しないものは、極言すれば皇国臣民にあらず」[43]といわれていたなかで、舞鶴高女では、「国語は国心であり、国ごころへの我々の尊い呼吸であり、将又忘れ得ぬ祖国への静かな息づきでもあるのです。従つてこれを正し、これを正しく養つて自分の身につけてゆくといふことは、ほんとうに自分を日本として築いてゆくべき唯一のそして身近な日常の道であるのであります。日本に生まれたからと云つてそのままで、我々は日本人であるのではありません。国語の正しい使用と、国語に正しく求めてゆく真実な心にこそ、ほんたうの日本人が生まれるのだ」[44]との信念をもっていた長谷山がイニシアティブを発揮し、学友を「国語修練単位として定位けけ」たうえで、「正しい国語

を正しく使ひませう。さうして正しい心を作りませう」との標語を掲げ、毎月一回全校生徒を講堂に集めて」[45]、国語常会を開催していた。内容を長谷山は次のように紹介している[46]。

　　国語のしつけの第一歩は内鮮学友の一組から、国語の真実を求めてその出学を踏みだすのであります。そして学校の職員はすべてその指導者であり、その日々の国語はその生活のすべてを通してその場その場で、明るく裁かれ、清く磨かれてゆくべき体制の確立に努力したのであります。そして問題のある場合は、学友ふたりから学級員に、又は学級員から学級主任に職員にと移されて、それ等の問題解決の公表と全校でする国語への反省と建設とを画すべき国語常会なるものを毎月二十日に開催継続してゐるのであります[47]

　国語常会は、「自分の生活におけるききにくい、正しくない言葉を発表し合ひ、姉さん学級、妹学級が睦ましくし合う会」でもあり、最高学年の一人が司会者、そのほか5名が速記係となり、「妹学級の提出したわるい言葉を姉さん学級がなほして」いた[48]。具体的には、ひと月間に集めた「悪い言葉」を報告しあい、「矯正」しあうというものだった[49]。「いやよ」「すかんねッ」「なんね」ということばを「荒々しくて下品な感じ」がするとして使用禁止に、また、「あんたあんたつてばァ」「おかしくつて」「おつかしくて」「ぼんくら」も「こんなに人を馬鹿にしたやうな言い方」は使わないと決定した[50]。そのほか、「モチヨ」「ワカランヨ」「ウン」を「性別のない言葉」と、「スカンネ」「サウネ」「ウチネ」「アンタネ」「どしたんね」を「不必要にネを併用して聞き苦しい」もの、さらに「チョツコン頂戴」などを「朝鮮語と国語の混合されるもの」、「スゴイシ」「ナマイキダシ」等語尾に「シ」を用いることばを方言として、それぞれ「矯正」すべきとしていた[51]。

　このような取り組みは、舞鶴高女に限ったことではなく、梨花高等女学校は「国語常用会」（以下、国語常用会）を組織しており、「国語を自分の生活と思つて常用しなければ真の軍国女性にはなれ」ない、それゆえ「常に国語を使つて一日も早く強い銃後の女性となり皇国のお役に立たなければならない」と辛島校長が檄を飛ばしていた[52]。京城女子商業

も国語常用会を組織、「内地のお嬢さん達に負けないやうに」と「正しい国語」(以下、正しい国語)の習得に邁進させた[53]。また、誠信家政女学校は、「"次代の母"こそ国語が堪能でなくてはならぬ」とし、校内では絶対に「国語」(以下、国語)を使用するように指導した。その際「過失者」に「厳罰」として『国語の愛用、発音を正しく』とし記した札を付け、「反省」を求めた[54]。

　1945年3月に京畿高女を卒業した羅英均によれば[55]、京畿高女では一日に二回、「皇国臣民の誓詞」とともに「国語常用の誓詞」を大声でそらんじ、朝鮮語使用が発覚すれば罰を受けた。そうであっても、罰を受ける生徒も罰を与える先生も、そのことの正当性を信じているわけではなかったという。誓詞の文言をそらんじる行為自体が抱えている偽りを誰もが感じていながら口にしなかっただけのことだった。ちなみに、生徒の朝鮮語使用に罰を与える側の、朝鮮人教員誰もが正しい国語を常用する域に達していたわけではなかった。「下手な日本語」を話す教師が何人かおり、生徒は彼らのまねをしては「こっそり」笑っていた。また、舞鶴高女の国語常会が「不必要にネを併用して聞き苦しい」と判断した、語尾に「ネ」をつける国語を、たとえば、「奉安殿にむかってね、最敬礼ね！」といったことばを頻繁に使用する教員もいた。生徒はそれが「可笑しくて」、授業が終わると抱腹絶倒し、競争で真似し合ったという。それどころか、そもそも範となる正しい国語を話しているはずの、それを教授する立場にあった日本人教員の国語さえも、「満州も朝鮮も先生たる人々の言葉に大いなる反省がほしい。ここで活動してゐる大部分の教師は、九州又は本州西方の出身であるが、アクセントの上からも、語音の上からも、又語法の上からも、いはゆる標準語とかけ離れた姿が少なくない。満鮮の学徒をして、満鮮語の癖から正しい日本語へ導き出すためには、日本人教師が或る標準的なものへ帰一し、その確固さを把握しておく必要がある」と指摘を受ける状況にあった[56]。このような言語環境のなかでの国語常会や国語常用会に、どれほどの「訓練的効果の発揚」がみられたのかも気になるところである。

3、「修練」の目標

　以上の修練を通して、どのような人間像の、軍国の母となることが目指ざされていたかを、家政科教育および修練の内容等と総督府による軍国の母論や日常生活における母のあり方、さらに雑誌『新女性』に登場した母のあり方とを突合せ、とらえていきたい。なお、総督府による軍国の母論や日常生活における母のあり方については拙論「植民地下における朝鮮人母親の「皇国臣民」化と「国語」教育」（『植民地教育史研究年報』14号、2012年）にて明らかにしており、ここでは概略を示すに留めたい。

(1)「軍国の母」論

　総督府は、徴兵制の導入が決まるやいなや「今日戦を勝ち抜くために、吾等銃後の固めとして必要なことは、何を措いても家庭を強くすることである。日本の婦人は草蒙未開の時代から今日まで、いかに幸薄き中にあつても、明日を望み、未来を信じ、倦みなく其の子を育て教へて今日の文化をつくつたのであつて、母の偉業は何時の世代でも讃ふべきであるが、特に今日の戦時下に於けるほど、世の母に俟ち望む所が大なる時はない」[57]というようになる。「母の偉業」とは、「国家の危急に際しては、直に我が夫により我が子を通して、壮烈鬼神をも泣かしむる至誠尽忠の行為となり、我が子をして克く君国に殉ぜしむると共に、自身亦家や国家に総てを捧」げることを指していた。その際、「夫を大君の御民としての夫として仕へ、己が子を国家の子、大君の赤子として育む、之は実に親子夫婦の私情を超越したものにして、夫や子の君国への節義を全うさせる為には自らの生命さへ断った」[58]という日本人女性、南北朝時代の武将楠正成の妻、南北朝時代の武将瓜生保の母、赤穂浪士原惣衛門の母、幕末の志士梅田雲濱の妻信子、陸軍大将乃木希典の妻静子等のあり方を紹介した[59]。

　そして彼女たちの「偉業」が「犠牲の精神、滅私奉公の精神」[60]という、日本古来の武道精神に基づいているとし、「茲に於て内鮮一体に徹することとなつて、朝鮮人の婦人も大君の御為に、御国の為に生活して行かなければならぬ・・(中略)・・皇国女性としての徳性を養ふことを

主眼とし、先達婦人の行蹟を倣ふやうに努めねばならぬ」[61] とした。そ
れには、母親がもつ子ども観をも変容させなければならなかったことか
ら、「母の愛は切実である。自分から子供を引き離すまいとする至純な
愛着であるが、併し母性の愛ではない。個我的な一切の愛着を捨て、惜
しげもなく御国の為に我が子を捧げきるのも、また母なればこそである。
げに母性の愛には時世の進運に伴つての変化と向上とがある。かくして
吾等は茲に時代に触応した賢母の賢母に姿を見ることが出来る」[62] と諭
す。そのうえで、「子供は母の私有物ではなく、実に皇国の赤子であり、
畏くも陛下から母の手にその教育を託し給へる大御宝」[63] であることを
自覚し、「只管お国の為に役立つ子供を養育し、其のまま君国のために
捧げきる」[64] ことを求めた。

(2) 日常生活における朝鮮人母親のあり方

「無心な幼少な子供が「天皇陛下は一番貴い御方であらせられる」とい
ふことは、その両親によつて最初に教へられるのであり、「日本は神の
国である」といふことを聞くのも、その両親の教へによつてである。つ
まり国体への自覚、否、自覚以前の漠然たる皇国の意識がめざめていく
のは父母の教へがその契機となるのである。ひとり言葉を通じての教へ
にとどまらない。座敷の正面に奉掲せられた二重橋の御写真や、一段高
いところに清らかに斎き祀られた大麻を拝する父母の姿は、やがてその
子女の心に、皇室尊崇、忠君愛国の心を養つて行くのである。朝毎の宮
城の遥拝、正午の黙祷、これはそのまま国体の教育である。真摯敬虔な
心を以つて遥拝黙祷する父母の姿をみるうちに、幼少なものの魂は清め
られ高められてゆく。父母を信順し、敬愛する心ふかき子女は、父母の
敬ふところを敬ひ、信ずるところを信じ、さながら海綿が水を吸うやう
な素直さを以てその教へを吸いとつてゆく」[65] と思っていた総督府は、
次世代朝鮮人の皇国臣民化に、家庭の役割を重視し、家庭における「国
体の教育」の担い手として両親に期待した。とはいえ、父親が出征する
という可能性もあり、家庭教育に事実上、母親を当て込んでいた[66]。そ
れゆえ母に、「今日の戦争目的についての明確な認識をもち、この曠古の
大戦を戦ひ抜くための一糸乱れない計画性を家庭において実行する」[67]
次のようなことを求めた。

「国体」(以下、国体) というものを「理屈なしにお母さんが自覚されてこれはお国の為であるといふやうに母が本当に感じて子供を育てる」[68]。総督府が「国家観念を子供に植付けるに好資料」[69]と考えていた、日々、日本軍の戦勝を伝えるラジオ放送を母子で傾聴する。また、義務とされていた毎朝の宮城遥拝において、唯遥拝させるだけではなく、「天皇陛下お早うございます」[70]と声に出して、子どもにお辞儀をさせる。毎日正午に実施されていた兵士への感謝の黙祷の前に「兵隊さん有難う」[71]と声に出して言わせることなどであった。その際、「形式的に理屈でお辞儀をするよりも、本当にさういふ雰囲気を作るといふことが必要」[72]だとしていた。そうすることが「本当の日本人を育てる」[73]ことになると思っていたからである。さらに、当時の朝鮮が食糧難のために飢餓状態にあり、それゆえ朝鮮人が厭戦気分にあったなかで[74]、母親に調達できる限りの材料で滋養分が摂れるように料理に工夫を加える努力を求めた[75]。また、将来、兵士となる男児が軽いけがをし、泣いているのを諫め、我慢させるという行為を通して忍耐の精神を養わせることも母親の役割とした。兵隊となるからこそ、可愛がってやりたいと思っても、「兵隊に行くと、随分苦しい生活をする。そういふ生活に馴れておりますと大して苦しまないで済む」[76]という理由から自重を迫っていた。

(3) 雑誌『新女性』が示す朝鮮人母親のあり方

『新女性』は、緑旗連盟が「半島唯一の婦人雑誌」と銘打って1942年8月に創刊した月刊誌であり、1944年12月までの刊行が確認できている。ただし、手元で確認できるものは、1944年1月号から12月号である。「国民学校出身者、大日本婦人会員、学校教員」の朝鮮女性、つまり日本語を解する朝鮮女性を対象としており、これまで「半島女性」が読んできた「内地婦人雑誌」が、「内地女性」を対象としているために「生活環境、生活程度に差があり、ぴつたりしない場合」があった、その点を「半島の生活に即して編集」したという。雑誌『緑旗』1942年8月号に掲載された発行の辞には次のようなことが記されている[77]。

　婦人は次代国民の母として第二の国民の錬成に当たるものであります。この婦人が強く正しく皇国臣民の自覚に立つと立たざるとは、今後

日本の国民を左右するものであります。しかし朝鮮における婦人の教育は未だ低く、徴兵制実施とともに皇軍兵士のははとなるには今後多大の努力を払わねばなりません。ここにおいて我々は当局のご指導の下に、日本精神を基礎とした新しき婦人啓発のために、月刊雑誌を発行しようとするものであります。

　なお、本稿がとりあげた四名の母親は、1943年10月に開始された朝鮮人学徒を対象とした特別志願兵制度に長男が志願・出陣したという共通点がある。金田永順（子どもは男五人女四人、長男は延禧専門学校三年）、平松秀長男（夫と死別、職業は産婆、子どもは男四人女二人、長男は京城帝国大学法文学部二年）、金子淑子（子どもは男一人、長男は慶応大学法学部二年）の三名は、「特別志願兵制度この時にあたって、内地学徒の上のみならず半島学徒の上にも、この皇恩に同じく浴させようといふ親心からできたのです。ふつうなら、兵隊になりたい人は、大学出でも国民学校出と同じく志願兵訓練所にはいらなければならない。それを君たちは大学専門学校で高等教育をうけてゐてえらいから、ほんの一週間ばかりの訓練で軍人にしてあげよう。しかも内地人学徒と同じく将校になる道もひらいてあげようといふ、特典なのです」という陸軍中佐朝鮮軍司令部江上守彦のことばではじまる座談会「半島の学徒今ぞ征く」[78]に参加した朝鮮女性である。座談会では志願に際しての母と息子とのやりとりが描かれている。「ただお母さんが何といふか心配だ」いう息子に「お母さんのことは決して心配いりません。男と生まれた以上、戦争にゆくのが国のため、家のためです。そして親のためです。立派な兵隊さんになつて下さい」（平松）。「お母さん、ゆるしてくれますか。あとはお母さん一人つきりだが、泣かないで僕をゆかせてくれますか」という問いに「お前の望み通りになさい。母が女手一つでお前を育てるやうになつたのも運命、今また別れなければならぬのも運命、決してお前の意志をくぢくやうなことはしないから、どうかしつかり御奉公しておくれ」（金子）。金田の場合は、子どものころから兵隊志願だった息子の望みを「どうかしてその望みを達してやりたいと思つてゐたところですから、家中大よろこびなんです」と語る。また死についても「たとへ死んでもみくにのためならいいんですよ」（平松）、「さうです、さうです。

死んでも靖国神社で生きてゐます」(金田)と語る。

　また、李家淑卿(子どもは男二人女一人、長男は慶応大学法学部二年)は座談会「みがかれる母の心　みたての我が子をかたる」[79]に参加した朝鮮女性であり、夫は、朝鮮人ではじめて学務局長になった李軫鎬、この時点では貴族院議員であった[80]。李家淑卿は日本語が理解できなかったために、座談会に長女の牧山多恵が通訳として参加している。陸軍特別志願兵の「特典」が朝鮮人学徒にも適用されることが決まるやいなや李家では母親が先に立って「それは有難いことだ、さっそく志願させよう」と言い出し、長男がいの一番に志願したことが語られている。さらに「日本のお母さんの心を一生けんめい学んで、もしものことがあっても取りみださぬやう心の修行もします」とも話す。続いて通訳の娘が「少しでも兵隊さんの生活をしりたいといって、母は先日も志願兵訓練所を見学にまゐりましたが、すっかり感心もし安心もしたやうでした」と加える。会話の内容からも推察できるように、両座談会とも志願して兵隊になろうとする息子に母がとるべき態度を示している。

　以上からわかるように、総督府は、武士道の精神を実践する日本人女性を仰ぎつつ、理屈抜きで国体を理解したうえで子どもに国体が理解できるような情操教育を毎日実行し、「お国の為に役立つ子供を養育し、其のまゝ君国のために捧げきる」、しかも自らもそのすべてを国家にささげるという生き方が軍国の母としての朝鮮女性のあり方だとしていた。これらは概ね家政科教育においても示されており、また高女においても、楠正成の妻らが倣うべき日本女性として示されていたことから[81]、高女が、まさに総督府が求める軍国の母の養成を施していたと言える。ただし、「国家の中堅たるべき有為の人物」の錬成を目的に掲げていた高女にあっては、日本的趣味養成と日本的生活の建設の内容を体得し、実行する、かつ正しい日本語を常用する「国家の中堅たるべき有為の人物」としての軍国の母の養成が目指されていた。

　とは言え、内地と同様朝鮮においても修練新設直後からが中等学校をとりまく状況がめまぐるしく変化した。主な点は次のとおりである。1943年6月25日の閣議において「学徒戦時動員確立要綱」が決定され、動員が夏休みに限らず直ちに、しかも授業期間中にも実施されるようになった[82]。続く10月12日の閣議において「教育ニ関スル戦時非常措置

方策」が決定し、「教育実践ノ一環トシテ学徒ノ戦時勤労動員ヲ高度ニ強化シ在学期間中一年ニ付概ネ三分ノ一相当期間ニ於テ之ヲ実施ス」[83]ることになり、6月に続いて再び作業時間が延長された。朝鮮も「原則として概ね内地の例に準ずる」ことになった[84]。翌1944年1月8日の閣議において「緊急学徒動員方策要綱」が決定され、動員先が主として軍需工場となり、生徒は学校や地域から引き離されることになった。もはや修練のみならず教科教育もままならなくなった[85]。さらに3月7日の閣議において「決戦非常措置要項ニ基ク学徒動員実施要項」が決定、動員の範囲が中等学校一、二年生にまで広げられ、しかも通年動員が実施されることになった[86]。これを受け、総督府は「学徒動員体制整備に関する訓令」(朝鮮総督府訓令第四三号)を発し、「半島全学徒ヲ挙ゲテ常時出動ノ体制下其ノ知識技能ノ程度、心身の発達ノ状況ニ応ジ教職員ヲ中心トスル組織ヲ以テ戦時必需物資ノ増産、緊急要務等ニ挺身セシム
ル」ことにした[87]。前出羅英均によれば、1943年、三年生になると午前中二時間の授業のあとは夕方まで、学内で雲母のかけらを尖った鉄のナイフの先で薄くはがす仕事をしたという。やがて週末もなくなり、「月月火水木金金というおかしな曜日編成」で来る日も来る日も雲母をはがし続けたという[88]。

おわりに

　総力戦体制下の高女教育は、1943年の中等学校令中改正による新設教科家政科を中心とする「教科、修練の経営」にその特徴をみることができた。その家政科において、総力戦の求めに応じた家政、育児、保健、被服にかかる教養を習得させ、本稿で内容をみた日本的趣味の養成や日本的生活の建設、国語常会といった修練とあわせて、卒業後に、いつなんどき母となろうとも、その日から総力戦が求める軍国の母になれる教育が進められていた。それは、国体を理屈なしに自覚したうえで、子どもに国体を理解させるための情操養育を日々実行し、「お国の為に役立つ子供を養育し、其のまま君国のために捧げきる」、かつ自分自身も国家にすべてを捧げる、加えて、正しい日本語を常用しつつ、日本的趣味

養成や日本的生活の建設等の内容を体得、実行する母であった。それが「国家の中堅たるべき有為の人物」としての軍国の母の人間像であった。しかしながら、中等学校令中改正直後からはじまった勤労動員によってその養成は制限され、ついには一年も経たないうちに、「半島全学徒ヲ挙ゲテ常時出動」に吸収され、限界を迎えたのではあるが、修練にかかる琴川の発言や、舞鶴高女における体験者数、国語常会をめぐる朝鮮半島の言語環境等を勘案すると、その内実が空疎なもの、矛盾をはらんだものであった感もある。それゆえ勤労動員による限界を迎えなかったとしても遠からず、修練自体に綻びが生じたのではないかという想いがよぎる。なお、舞鶴高女は日本人生徒も教育対象としており、彼女らも朝鮮人生徒と同様の軍国の母としての教育を必要とする存在であったことも本稿からうかがえる。

【註】
1 尾高朝雄（京城帝国大学教授）「道義朝鮮と徴兵制度」『朝鮮』1942 年 7 月号、18 頁。
2 磯矢伍郎（朝鮮軍参謀）「建軍の本義と徴兵制実施」『朝鮮』1942 年 7 月号、33 頁。
3 同上磯矢伍郎、33 頁。
4 同上磯矢伍郎、34 頁。
5 同上磯矢伍郎、34 - 35 頁。
6 宮田節子『朝鮮民衆と「皇民化」政策』未来社、1985 年、71 頁。
7 永田種秀（総督府総務局事務官）「婦人啓発運動の精神について」『文教の朝鮮』1942 年 12 月号、30 頁。
8 八木信雄（総督府警務課長）「徴兵制施行の意義」『朝鮮』1942 年 7 月号、45 頁。
9 同上八木信雄、46 頁。
10 武田誓蔵（京城第二公立高等女学校長）「武士道精神と皇国女性」『文教の朝鮮』1942 年 12 月号、24 頁。
11 「徴兵制度実施を控えて」『文教の朝鮮』1942 年 7 月号、23 頁、誌上座談会における宮村誠信家政女学校長の発言。座談会は、1944 年からの徴兵制実施を控えて、それまでに教育上、どのような準備が必要かというテーマで開催された。出席者は、八木信雄警務課長、本多武夫学務課長、岩村京畿中学校長、増田法学専門学校長、宮村淑鐘誠信家政女学校長、高橋濱吉教学官、市村秀志視学官、海田志願兵訓練所長、島田牛稚編輯課長であった。
12 新井淑子「日本統治末期の京城舞鶴公立高等女学校の校長と内鮮一体の実態」『国際経営・文化研究』VOL15、2011 年 3 月、「日本統治末期の京城舞鶴公立高等女学校の校長と内鮮一体の実態 (2)」『国際経営・文化研究』VOL16、2011 年 11 月、「日本統治末期の京城舞鶴公立高等女学校の校長と内鮮一体の実態 (3)」『国際経営・文化研究』VOL16、2012 年 3 月。

13 前掲新井淑子、『国際経営・文化研究』VOL15、3頁。京城舞鶴公立高等女学校の学年別入学者数は4頁。
14 長谷山利市（京城舞鶴高等女学校長）「半島女子と国語の躾」『国語文化』1944年4巻1号、38頁。
15 大野謙一（総督府学務局長）「朝鮮教育令の改正とその実施について」『文教の朝鮮』1943年4月号、4頁。
16 中島信一（総督府教学官）「改正中等学校制度の指導精神」『文教の朝鮮』1943年4月号、14-22頁。
17 「中等学校令改正に伴ふ各教科目解説」『文教の朝鮮』1943年7月号、35頁。
18 同上「中等学校令改正に伴ふ各教科目解説」、35頁。
19 寺崎昌男編『総力戦体制と教育 - 皇国民「錬成」の理念と実践』東京大学出版会、1987年、132頁。
21 前掲中島信一、15頁。
21 「全鮮中等学校長会同に於ける総督訓示」『文教の朝鮮』1943年7月号、2-3頁。
22 野田礼史（国民総力平安南道連盟錬成部長）「国体の思想的理解」『国民総力』1943年10月15日号、10頁。
23 前掲尾高朝雄、26頁。
24 「全鮮中等学校長会同に於ける総督訓示」『文教の朝鮮』1943年7月号、2-3頁。
25 前掲「中等学校令改正に伴ふ各教科目解説」、33頁。
26 同上「中等学校令改正に伴ふ各教科目解説」、33-34頁。
27 同上「中等学校令改正に伴ふ各教科目解説」、35頁。
28 同上「中等学校令改正に伴ふ各教科目解説」。
29 同上「中等学校令改正に伴ふ各教科目解説」、32-33頁。
30 教科書『家政　全』中等学校教科書株式会社、1946年3月31日発行については相模女子大学所蔵のものを使用。なお、教科書は準備が整わないまま日本が敗戦したため実際に使用されなかった。
31 前掲「中等学校令改正に伴ふ各教科目解説」、32頁。
32 同上「中等学校令改正に伴ふ各教科目解説」。
33 大田孝子「植民地下朝鮮における京畿高等女学校（上）」『岐阜大学留学生センター紀要』2007年。
34 「学徒戦時動員体制の実際」『文教の朝鮮』1943年9月、12頁。
35 「戦時下の家庭教育を語る」『文教の朝鮮』1942年11月号、誌上座談会出席者京畿公立高等女学校長琴川寛の発言、27-28頁。座談会は、戦時下における朝鮮の家庭教育において母の役割がどうであるべきかというテーマで開催された。出席者は、京城帝国大学教授天野利武、京畿公立高等女学校長琴川寛、総督府編輯課長島田牛稚、総督府教学官延禧専門学校長高橋濱吉、緑旗連盟津田節子、京城帝国大学教授夫人花村芳子、朝鮮郵船専務夫人広瀬咲、徳成女子実業学校長福沢玲子であった。
36 同上「戦時下の家庭教育を語る」島田牛稚の発言、28頁。
37 長谷山利市、長崎祐三（京城保護観察所長）「半島婦人の新しい課題」『緑旗』1942年8月号、124頁。
38 同上長谷山利市、長崎祐三、124頁。
39 前掲新井淑子、『国際経営・文化研究』VOL15、8-9頁。
40 当時の担当教員上田は、生徒が「納得して応じ、楽しい気持ちで応じていた、

そんな雰囲気」があったと回顧する。
41 「新しい半島風景　京城舞鶴公立高等女学校をみる　お互い仲よく助けあひ共によくなる内鮮学友二人組の少女達」『緑旗』1941年1月号、95頁。
42 「新しい半島風景　舞鶴高等女学校をみる」『緑旗』1941年1月号、89頁。
43 広瀬続（総督府警務局編輯官）「国語普及の新段階」『朝鮮』1942年10月号、37頁。
44 前掲長谷川利市「半島女子と国語の躾」、39頁。
45 長谷川利市「舞鶴高女の国語常会」『緑旗』1942年3月号、137頁。
46 前掲長谷川利市「半島女子と国語の躾」、39頁。
47 同上長谷川利市「半島女子と国語の躾」。
48 前掲長谷川利市「舞鶴高女の国語常会」、137-138頁。
49 1942年6月27日付け京城日報「語尾の"シ"を敬遠舞鶴高女の第八回国語常会」。
50 前掲長谷川利市「舞鶴高女の国語常会」、138頁。
51 1941年10月25日付け京城日報「『ワカランヨ』は判らんよ『ドシタンネ』も『スカンネ』舞鶴高女が"京城娘言葉"に抗議」。1942年2月8日付け京城日報"どしたんね"はやめよう舞鶴高女の『国語常会』」。1942年6月27日付け京城日報「語尾の"シ"を敬遠舞鶴高女の第八回国語常会」
52 1942年4月5日付け京城日報『国語常用』に拍手　梨花高女入学式の席上辛島校長が強調」。
53 1942年4月11日付け京城日報「総力増強に拍車　京城女子商業校」。
54 1942年4月18日付け京城日報「次代の母は国語常用　誠信家政女学校で厳罰を採用」。
55 羅英均『日帝時代わが家は』みすず書房、2003年、150-151頁。
56 大西雅雄（駒沢大学教授）「満鮮の日本語教室」『日本語』四巻一二号、1944年12月、22頁。1944年に国民総力朝鮮連盟の招きで朝鮮視察を行った際の「国語」教育のあり方に対する見解。なお、大西は、日本人教師が見倣すべき「国語」教師として、光州大和塾で「国語」を教える朝鮮人の西山作三を挙げている。
57 島田牛稚（総督府編輯課長）「母性愛の本質」『文教の朝鮮』1942年11月号、3頁。
58 前掲武田誓蔵、26頁。
59 同上武田誓蔵、26-29頁。乃木希典夫人静子については、前掲永田種秀「婦人啓発運動の精神に就いて」31-32頁。
60 前掲武田誓蔵、26頁。
61 同上武田誓蔵、34頁。
62 前掲島田牛稚「母性愛の本質」8頁。
63 前掲武田誓蔵、29頁。
64 前掲島田牛稚7-8頁。
65 吉田正男（総督府編修官）「家庭教育の精神の確立」『文教の朝鮮』1942年10月号、17-18頁。
66 前掲「戦時下の家庭教育を語る」19頁、京城帝国大学教授天野利武の発言。
67 前掲島田牛稚、3頁。
68 前掲「戦時下の家庭教育を語る」、22頁、津田節子の発言。

69 同上「戦時下の家庭教育を語る」、島田牛稚の発言。
70 同上「戦時下の家庭教育を語る」、24頁、花村芳子の発言。
71 同上「戦時下の家庭教育を語る」。
72 同上「戦時下の家庭教育を語る」、24頁、高橋濱吉の発言。
73 　同上「戦時下の家庭教育を語る」、24頁、花村芳子の発言。
74 『京城日報』京城版、1942年12月1日付。
75 前掲「戦時下の家庭教育を語る」、26頁、朝鮮郵船専務夫人広瀬咲の発言。
76 同上、「戦時下の家庭教育を語る」、27頁、徳成女子実業学校長福沢玲子の発言。
77 「婦人部報告」『緑旗』1942年7月号、190頁。
78 座談会「半島の学徒今ぞ征く」『新女性』1944年1月号、10-14頁。参加者は陸軍中佐朝鮮軍司令部江上守彦、金田永順、平松秀、金子淑子であった。
79 座談会「みがかれる母の心」『新女性』、1944年2月号、16-19頁。参加者は大塚文子、鐘ヶ江マサコ、伊達平野、李家淑卿、牧野多恵（李家淑卿の娘）であった。会話の内容から前者3名は日本人のように思われる。
80 李軫錫については、稲葉継雄「李軫錫 - 朝鮮総督府初の朝鮮人学務局長の軌跡」『国際教育文化研究』6号、2006年、1-18頁を参照のこと。
81 京城第二公立高等女学校編『皇国女性の鑑』1942年。京城第二公立高等女学校における「師弟同行」の産とし、「皇国女性の鑑として仰ぐべき」92名の日本女性を掲載している。序文を担当した総督府学務局長真崎長年は、「皇国女性の龜鑑として、婦道顕揚の指針として、特に大局下重大なる使命を負荷する現代女性の箴鑑として、資すること甚大なるものあり」と述べている。2頁。同じく序文を担当した京城第二公立高等女学校校長武田誓蔵は「日本婦道の昂揚と婦徳の涵養とに寄与し、忠良至醇なる皇国女性の錬成に資するところあらん」と記している。5頁。
82 前掲寺崎昌男編、136頁。
83 同上寺崎昌男編。
84 小磯国昭（朝鮮総督）「大学専門学校長事務打合会に於ける訓示要旨」『文教の朝鮮』1943年11月号、2頁。
85 前掲寺崎昌男編、137頁。
86 同上寺崎昌男編。
87 朝鮮総督府「学徒動員体制整備に関する訓令」『文教の朝鮮』1944年5月号、2-3頁。
88 前掲羅英均、155頁。その作業を「私たちは授業がないのがうれしくて大喜びでおしゃべりしながら雲母をはがした」と回顧している。

女子留学生
―― 帝国女子専門学校の事例から ――

福田須美子＊

「植民地教育とジェンダー」というテーマに迫るべく、本稿では、「女子留学生」なかでも植民地朝鮮から帝国女子専門学校（東京）[1]に留学した女学生に光を当て、その学びを探る。まず植民地朝鮮における女性の教育状況と日本への留学について概観し、そこから多くの女子留学生を受け入れた帝国女子専門学校の事例を取り上げ、残された史料とそこに学んだ元留学生への聞き書き調査に基づいて、その学びをジェンダーの視点から考察する。ここでは、ジェンダーを広義に「文化的女性性」と捉える。

I 植民地朝鮮における教育状況と日本への留学

1 女子の教育状況

　朝鮮では門戸開放以前、女性が学校に通って学ぶということはほとんどなかった。女性の学びは支配層においては家庭内で行われていた。貧困層では、生活に必要な学びを母親を中心とする近親者から見習って身に付けた。女性がひとりで外出することさえも稀有なことであったから、外で学ぶなどということは論外であった。

　とはいえ、向学心のある女性たちには、邑の書堂やまた門戸開放を迫る外国人の手になる女学堂等から徐々に朝鮮女性の学校教育への道が開かれていった。1876年の開港以降、梨花女学堂の設立（1886年、後の梨花高等女学校）等キリスト教の布教活動に伴う学習の場に少数ではあ

＊相模女子大学教授

るが女性が通うようになる。だが続く「小学校令」(1895年)には、男女の就学が定められたものの、女児の就学はほとんどなかった。1905年乙巳保護条約が締結されると、祖国の危機を救おうと教育救国運動が展開されるようになり、女性たちの手によって教育運動が興される。「賛揚会」という婦人団体は学校の設置を呼びかけ「順成学校」を創設した。[2] こうした動きから、李王朝の高宗の側室・厳妃は、韓国女性の文化向上を願って1906年に淑明女学校を創設したが、入学した女性はごく僅かであったという。厳妃は同じ年に進明女学校も創設している。

韓国統監府は日本の高等女学校に倣って、1908年4月「高等女学校令」を公布し、官立漢城高等女学校を設置した。後の京畿高等女学校に引き継がれる。

1910年の日韓併合以降は、朝鮮総督府の成立により教育制度も再編一新される。日韓議定書の主旨に即し、「教育に関する勅語」の精神を基に時勢及び民度に適合させながら、日本語により教育をすることを基本方針とした。教育により政策遂行を目指した朝鮮総督府は、併合の翌1911(明治44)年8月23日、「朝鮮教育令」を公布した。後に第一次朝鮮教育令といわれるものである。国語の普及と帝国臣民としての精神を涵養する目的で、四年制の普通学校が設けられた。それより在来の伝統的な教育機関である学堂や書堂は、私立学校規則(1911年)や書堂規則(1918年)により規制、監督されていく。[3]

　「朝鮮教育令」(1911年)
　　第1条　朝鮮に於ける朝鮮人の教育は本令に依る
　　第2条　教育は、教育に関する勅語の趣旨に基づき、忠良なる国民を育成することを本義とする

併合後の高圧的ないわゆる「武断統治」体制のなかで、1919(大正8)年、三・一独立運動が勃発した。こうした朝鮮民衆の高まる独立への動きに対し、朝鮮総督府は「文化統治」へと方向を修正することになる。教育政策についても、1922(大正11)年2月、総督府は新体制の下に教育令を改訂した。第二次朝鮮教育令と呼ばれるものである。この改革は、「一視同仁」をスローガンに同化を進め内地準拠主義を取ったが、制度

としては「国語を常用する者」(日本人)と「国語を常用しない者」(朝鮮人)を区別し、初等教育では小学校と普通学校というように民族別教育を行った。特に朝鮮人の教化を目的とした教育の普及に力が注がれ、初等学校では三面一校政策から1929 (昭和4) 年以降は一面一校計画が進められが、修業年限が、内地人向け6ヶ年に対し4ヶ年を標準とするなどの差が見られた。

　　「朝鮮教育令」(1922年)
　　　第5条　普通学校の修業年限は6年とす　但し土地の情況に依
　　　　　り5年又は4年と為すことを得

　1937 (昭和12) 年の日中戦争以降、朝鮮では「日鮮ともに」学び一体化するという政策が強化され、「内鮮一体」を実現すべく、1938 (昭和13)年3月3日、三たび教育令が改正された。第3次朝鮮教育令である。今期の改正は従来の改正とは異なり、朝鮮の教育制度を抜本的に見直す大改革となった。

　　「朝鮮教育令」(1938年)
　　　第2条　普通教育は小学校令、中学校令及高等女学校令に依る
　　　　　　　但し此等の勅令中文部大臣の職務は朝鮮総督之を行ふ

　これにより、朝鮮において今後普通教育は「小学校」に一本化することが決定した。この背景には、厳しい戦時体制を迎え日鮮団結して戦わねばならないという時局認識があった。「忠良なる皇国臣民を育成」することを目指し、日本語常用を徹底、制度も日本の学校体系に依ることとなった。「国語を常用する者又はせざる者」の区別が廃止され、したがって普通学校を小学校と呼ぶことになった。
　その後時局は風雲急を告げ、1945 (昭和20) 年3月18日、「現下緊迫せる事態に即応する為学徒をして国民防備の一翼たらしむると共に真摯生産の中核たらしむる為」「全学徒を食糧増産、軍需生産、防空防備、重要研究の他直接決戦に緊要なる業務に総動員す」とする「決戦教育措置要項」が出された。続く5月22日「戦時教育令」において、「学徒は

尽忠以て国運を双肩に担ひ戦時に緊切なる要務に挺身し平素鍛錬せる教育の成果を遺憾なく発揮すると共に智能の練磨に力むるを以て本分とすべし」との法令により、学校ごとに学徒隊を組織し戦時に緊切なる要務に付くよう指令が出された。いよいよ「決戦」に臨み、朝鮮の学校教育はその教育活動を停止するに到ったのである。[4]

　初等教育段階における女子の教育状況においては、上述の教育政策の変化の中にあっても、女子が学校に通って学ぶということが普及することはなかった。金富子氏は、公立普通学校への女子の入学率を、1912年で1％、1920年で3.1％、1930年で7.9％、1940年で30.4％としている。男子と比較すると大きな差があり、女子は低迷しつつも1930年までは徐々に、1930年代半ばからは急速に伸びていった。そして1940年代には3人に1人が学校に通うまでになった。[5]

　初等教育を終えると、朝鮮においても中等教育を目指す女子が少しずつ増えてくる。朝鮮人子女は先のミッション系女学校や淑明女学校等においてより高度な学びを続けることもできたが、制度上の学校教育である初等教育後の女子中等教育については、上級学校の進学や資格取得の面から徐々に「教育令」に沿った学校体系に移行するようになっていった。

2　朝鮮における女子中等教育の概観

　植民地朝鮮においては、居留地子女の教育要求に基づいて高等女学校の設置が促され、内地の制度が導入された。まずは、1906（明治39）年に朝鮮半島の入り口で最初に居留民団を形成した釜山において、釜山高等女学校が設立された。また、1908（明治41）年京城においても京城居留民団により京城高等女学校が創設され、同年、朝鮮人子女のために、近代化を急ぐ韓国政府の手により官立の漢城高等女学校が設置された。1910年の併合当時、高等女学校は全体で3校設置されていたが、朝鮮人子女向けには1校のみで、その生徒数はごく僅かということで詳細は不明であった。

　その後「教育令」の改訂ごとに学校名称も変わっていくのであるが、その改訂を元に時期区分し、女生徒数を整理したものが表1「朝鮮にお

ける高等女学校の概観」[6] である。

第一次朝鮮教育令期（1911～1921）において、公立高等女学校は10校設立され、1921年の生徒数は約3000名となったが、朝鮮人子女で高等女学校に通う女生徒は少なく、そのほとんどが日本人であった。

第二次朝鮮教育令期（1922～1937）には、日本人向けの高等女学校と朝鮮人向けの女子高等普通学校に分けられ別学体制となった。高等女学校は17校で、既設分との総計30校で1937年には生徒数約12000人となった。一方の女子高等普通学校は9校で、既設分を合わせ11校となり生徒数も大幅に増えて、1937年には約9000人となった。

第3次朝鮮教育令期（1938～1943）には、「内鮮一体」の旗印のもと女子中等教育が高等女学校に一本化され、朝鮮全土に普及した。認可された高等女学校は、公立の24校、私立の11校で公私計35校となり、既設分と合わせて総計76校となった。京城府に集中するなど地域差はあるものの、高等女学校の設置は朝鮮全域13道に亘った。1943年の生徒数は総計約32000人に上り、その内訳を見ると、日本人約16000人、朝鮮人約16000人とほぼ同数となった。

その後いよいよ「決戦」に向かい、「中等学校令」に続く「戦時教育令」により、朝鮮においても高等女学校はその教育活動を停止するに到った。

3　高等女学校卒業後の進路

高等女学校卒業後の進路については、継続的な調査を追うことが困難であるため、ここでは取り上げる聞き書き事例とほぼ同時期のデータ、戦時末期に京城で調査された「京城府内女学校以上卒業者状況表」（1944年3月卒業者）から高等女学校卒業者について掲載したものが、表2[7] である。

上級学校進学が最も多いのは、京城第一高女の196人中62人31％であるが、その卒業者はほぼ日本人である。次が梨花高女の177人中53人29％、3番目が淑明高女の164人中46人28％となっており、この2校はいずれも私立の朝鮮人向け高女である。これらの高女では、ほぼ3人に1人が上級学校進学ということで、高い比率となっている。梨花と淑明には専門学校が付設されているので、そちらへの進学が多かったと見られるが、ここから留学を進むものも少なからずいたものと思われる。

表1　朝鮮における高等女学校の概観

	年代	校数	生徒総数	高等女学校					校数	生徒総数	女子高等普通学校	
				官・公・私		各生徒数	日本人	朝鮮人			官・公・私		各生徒数
I	1910（明治43）年 日韓併合	3	515	官 公	1 2							
II	1911（明治44）年 第一次朝鮮教育令	3	625	公	3				2	209	官 私	1 1	
	1921（大正10）年	12	2947	公	12	2947	2941	6	7	1062	公 私	2 5	393 669
III	1922（大正11）年 第二次朝鮮教育令	14	3575	公	14	3575	3566	9	7	1100	公 私	2 5	479 621
	1937（昭和12）年	30	11924	公 私	29 1	11268 656	10702 635	566 21	21	7148	公 私	11 10	2948 4200
IV	1938（昭和13）年 第三次朝鮮教育令	32	12770	公 私	31 1	12059 711	11367 689	692 22	21	7891	公 私	11 10	3561 4330
	1942（昭和17）年	71	29652	公 私	59 12	23394 6258	14350 989	9044 5269					
V	1943（昭和18）年 中等教育令	76	32605	公 私	64 12	26094 6511	15467 1011	10627 5500					

表2　京城府内女学校以上卒業者状況表（1944年3月卒業者）

| 学校名 | 卒業人員 | 上級学校進学 | | 就職 | | | | | | | 家庭 | |
		人員	比率(%)	官公署	銀行、会社、商店	工場関係	看護婦	其ノ他	計 人員	計 比率(%)	人員	比率(%)
京城第一公立高等女学校	196	62	31	54	53		2	3	112	57	22	12
京城第二公立高等女学校	209	30	14	46	87		1		134	64	45	22
京畿公立高等女学校	167	22	13	59	79				138	83	7	4
舞鶴公立高等女学校	138	23	16	77	30		4		111	82	4	2
淑明高等女学校	164	46	28	65	47				112	68	6	4
進明高等女学校	107	14	13		51	1	1	22	83	78	10	9
梨花高等女学校	177	53	29	7	63	1		52	123	69	1	0.2
培花高等女学校	111	16	14	23	15			8	46	42	49	44
同徳高等女学校	173	10	5	6	90			49	145	84	18	11
竜谷高等女学校	227	57	25	29	104	1	2	14	150	66	20	9
計	1669	333	※18.8	374	619	3	10	148	1154	※69.3	182	※11.7

（※平均）

ちなみに、それら専門学校2校の卒業後の進路（表3）[8]について調べによると、梨花女子専門学校では100％の就職率、淑明女子専門学校の方も91％と、就職率が極めて高い。
　京城第一高女からの進学者は内地留学したものが多いと考えられる。

表3　京城府内女学校以上卒業者状況表（1944年3月卒業者）

学校名	卒業人員	就職							家庭	
		官公署	銀行、会社、商店	工場関係	看護婦	其ノ他	計人員	比率(%)	人員	比率(%)
梨花女子専門学校	343	343					343	100		
淑明女子専門学校	193	174					174	91	19	9
計	536	517					517	95	19	

　この「状況表」には、過去3ヶ年平均（1940－42年度の平均）と上記1943年度との比較、及び1943年8月段階での志望と実際に3月での進路決定との比較が出ているが、それを表4「進路比較」[9]にまとめた。

表4　進路比較

	過去3ヶ年平均	1943年度	'43年8月段階での志望	1944年3月
就職者	25%	74%	29%	74%
上級進学者	25%	13%	34%	13%
家事手伝	50%	13%	37%	13%

　この表中、過去3ヶ年から見える平均像では、高等女学校（専門学校を含む）卒業後は家事手伝いをする者が多かったのであるが、1943年度（1944年3月卒業）では圧倒的に就職している。また、1943年の8月段階では、例年より進学希望と就職希望がやや多いとの見通しから一転して、就職者が圧倒的に多い結果となっている。
　戦時下急を告げる緊迫した時期であるところから、卒業後就職して「報国する」などの姿勢が求められたためとも考えられ、京城商工会議所調査課の分析によると、「取りもなほさず、あらゆるものが、戦勝一途に凝固されつゝあることを示す」とあるが、「高女にせよ専門学校にせよ、卒業後家にいると、徴用に取られる危険があったから」

とは、聞き取りした留学生たちから得られた本音の回答である。戦時下朝鮮における「銃後」を生きる女性のひとつの選択肢として興味深い。

4　女子の留学状況

斎藤実総督による「一視同仁」の文化統治以降、1920（大正9）年4月の李垠皇太子と梨本宮方子女王の結婚に象徴される内鮮融和政策より、また1920年には私費留学が許可されたことも手伝って、徐々に日本への女子留学生が増えてくる。それ以前の旧い明治期には、『女学雑誌』（第410号、411号　1893年）に「朝鮮女性の日本留学は之を以て嚆矢とす。即はち、京城の前監察何河相駿氏は、夫人金蘭と共に来朝し、現に朝鮮公使館にあって、日本語を学びつつあり」[10] との記事が掲載されるほど珍しいことであった。朴宣美氏の調べによると、戦前の日本への女子留学生の数は、1910（明治43）年34人、1920（大正9）年145人、1930（昭和5）年215人、1940（昭和15）年1707人と増え続け、1940年代には桁違いに急増している。[11] さらに同氏の調べでは、主な留学先として下記の専門学校や大学が挙げられている。[12]

表5中、最も留学生の受け入れ実数（107）が多いのが女子美術学校である。『女子美の歴史』（2003）における「アジアの先輩たち　韓国」

表5　朝鮮人女子留学生の留学先（1922 − 44）

学校名	人数	学校名	人数
女子美術学校	107	大阪音楽学校	6
帝国女子専門学校	83	津田塾専門学校	6
日本女子体育専門学校	80	東北帝国大学	3
日本女子大学校	69	広島女子専門学校	3
東京女子医学専門学校	61	梅花女子専門学校	2
同志社女子専門学校	60	大阪女子専門学校	1
奈良女子高等師範学校	59	九州帝国大学	1
東京女子校等師範学校	53	京都府立女子専門学校	1
帝国女子医薬学専門学校	47	共立女子専門学校	1
実践女子専門学校	28	共立女子薬学専門学校	1
武蔵野音楽学校	22	女子経済専門学校	1
京都女子高等専門学校	20	東京女子体育音楽学校	1
日本女子高等商業学校	20	東京女子薬学専門学校	1
神戸女子神学校	13	梅光女学校専門部	1
東京家政専門学校	9	横浜女子神学校	1
東京女子大学	9	和洋女子専門学校	1

朴宣美『知の回遊』2005 より

によると、「戦前の朝鮮からの学生は、確認できた記録によると、1918（大正5）年から1944（昭和19）年卒業までの104名、その大半の91名が刺繍科でした。当時の朝鮮の日常生活の中で、刺繍の需要が圧倒的に多かったことが偲ばれます。」[13] 女子美術学校時代には、入学してくる学生の年齢に幅があり、1年制の撰科も置かれるなど、留学しやすい状況があった。また3年制の師範科では、中等教員資格が取れることもあって、人気があった。不自由を強いられた女性たちにとって芸術への道は自由への渇望の表れとも見て取れる。

卒業生のひとり羅惠錫（1896 - 1948）は、1913（大正2）年に西洋画科撰科に入学し、1年休学後1915年に復学、1916年に師範科に再入学して絵画の道を歩み、自由に絵を描くことをめざした。かたわら、朝鮮における封建的な体制打破や女性の地位向上を訴え、「新女性」としての自由な生き方を模索したという。[14]

そのほか大正期の朝鮮からの留学生については、山崎朋子が『アジア女性交流史　明治・大正篇』(1995) において、苦難の紆余曲折を経て日本女子大学校に留学した黄信徳(ホワンシンドク)と朴順天(パクスンチョン)の事例を紹介しているが、卒業し帰国後、黄信徳は女子教育の第一人者としてまた朴順天は政治家として女性の地位向上のために尽くした。[15]

II　帝国女子専門学校に学んだ女子留学生

女子美術学校に次いで留学生の多い学校は、帝国女子専門学校である。帝国女子専門学校は、現在の相模女子大学に引き継がれている。卒業生の多さ、また戦前の留学生の多さにも関わらず、帝国女子専門学校は、教育史上取り上げられることが少なかった。戦後の研究が、いわゆる「民主教育」から出発していることから、伝統的な文化を重んじた帝国女子専門学校には光を当てられることが少なく、これまで忘れ去られていた感がある。ここで、帝国女子専門学校の概観に触れておこう。[16]

1　帝国女子専門学校の概観

帝国女子専門学校は、1900年に設置認可された日本女学校に由来す

る。日本女学校を創立した西澤之助により展開された女子大学設立構想の下、1909年帝国女子専門学校が誕生し、日本女学校は日本高等女学校として認可された。西澤之助 (1848 - 1929) は、神道を基礎とした国家の隆盛を希求し、雑誌『国光』や『女鑑』を発行するとともに、国民教育の発展をめざした。なかでも女子教育の遅れを危惧し、次代を担う堅実な女性を育成するため、女性のための中等・高等教育に着手した。だが、実質的な高等教育の運営は、第二代校長平山成信に引き継がれることになる。

平山成信 (1854 - 1929) は、枢密院書記官長、大蔵省官房長、日本赤十字社社長などの重職を歴任、日本赤十字社に関わりのあった西に懇請され、1911(明治44)年校長職を引き受けることになった。帝国女子専門学校は、古文や短歌を中心とする国文科と家事の近代化をめざす家事科からスタートした。後に『家事の新研究』で名を馳せた野口保興を副校長に起用し、家事科を発展させるとともに、高等女学校等の家事科中等教員無試験検定資格を獲得することによって入学志願者の数を増やしていった。

野口保興 (1860 - 1943) は、面白い経歴の持ち主で、東京高師時代に「代数学・算数教育」を専門とし、女高師教授時代には「博物学」「地理・地誌学」を担当、傍らフランス留学体験をもとに「家政学」を講じたという。帝国女専との縁は、平山が1878 (明治11) 年に渡仏した際に野口を伴い、そこで学ばせたことが契機となりその後も交流が続いた。帝国女専門学校の校長・平山は1919 (大正8) 年、家政学の先覚者ともいうべき野口を副校長にし、家事科を創設し看板教授とした。

朝鮮からの留学生が多く入学するようになったのは、1930年代に入ってからで、この頃は二代目校長の平山成信は既に亡くなっており (1929年没)、第三代校長は子息平山洋三郎に引き継がれたものの、理事長として実質的に経営を引き受けたのは秋山雅之介 (1866 - 1937) であった。平山成信と同時期に法政大学理事を務めていた関係からか、若年の平山洋三郎を支えるべく招聘された。秋山は朝鮮総督府参事官や書記官長事務取扱の経歴を持ち朝鮮総督府と強いパイプを持つ人物であった。

第四代校長は田中義能 (1872 - 1946)、東京帝国大学に神道講座が開設されると同時に神道を担当、併せて國學院や帝国女専においても講師

として神道を担当した人物であるが、帝国大学退官後の1945年12月、帝国女専の校長に就任。神道研究等、神道の理論化を図るとともに、実践哲学としての神道を追求した。帝国女専においては、「時局と神代日本の女性」(1942翠葉会誌19号)に見られるように、神道精神に基づく実践的な生き方と女性の役割を説いた。聞き書き対象の留学生たちが在籍したのはこの時期のことである。

1943 (昭和18) 年4月の記録 (八十年史) によると、「帝国女子専門学校への入学志願者は、入学者数のほぼ五倍に上がった。……第二、第三学年の生徒を加えると、昭和十八年度の帝国女子専門学校の総生徒数は、八三四名を数えたが、戦局はしかしますます日本軍に利なく、やがて六月に至り、その二五日に学徒戦時動員体制確立要綱が閣議で決定されたことによって、生徒の勤労動員も以前にまして強化され、勉学に勤しむというかつての学園生活の俤はほとんど失われた」とある。

2　学則・教科課程

1920 (大正9) 年、副校長の野口保興の構想の元に抜本的な改革が行われ、本科・選科・特科・研究科の構成、本科を四部に分け、第一部(人文学科・国文学科・史学科)、第二部・理化学科、第三部・家事科、第四部・主婦科とし、女学生の多様な要望に応えるべく再編された。

学則には、第一条に教育理念として「本校ハ我国固有ノ道徳思想ヲ啓発シ女子ニ必要ナル学術技芸ヲ授クルヲ以テ目的トス」[17]が掲げられたが、これについては1900 (明治33) 年日本女学校創設の趣旨を引き継いでいる。本科の修業年限は3年とされた。(第五条)

表6　家事科学科目 (帝国女子専門学校1920) 計43単位

実践倫理 (3)	国民道徳概説 (1)	法制及経済 (1)
教育学概説 (1)	心理学大意 (1)	児童心理 (1)
家庭教育 (1)	教授法及管理法 (2)	世間研究 (1)
日常物理学 (1)	日常化学 (1)	日常生理学 (1)
食物原理 (2)	同貯蔵 (1)	同調理 (3)
衣服原理 (1)	同調整 (1)	同整理保存 (1)
家庭衛生及微菌学大意(2)	育児法 (1)	養老看護 (1)
家具什器 (1)	家庭管理法 (1)	家計整理法 (1)
図画 (2)	国語 (3)	家庭園芸 (4)

この基本的な学科・学修構成はその後も引き継がれたが、受験者の少ない学科は自然淘汰され、1930年代になると経営的面から、国文科・家事科・家庭科（2年制）の三部構成に落ち着いた。本科の国文科・家事科は3年制、家庭科は2年制とし、4か年修業以上の高等女学校卒業者及びこれと同等以上の学力を有する者を入学させた。
　留学生については、その受入れが原則として「家事科」のみに限られていたことから、「家事科」の学科目（表6）[18] を見てみよう。
　表6中、取得単位数が多いのは「家庭園芸」（4）、次に「実践倫理」（3）「食物調理」（3）「国語」（3）と続き、日常生活に役立つ実際的な学びに力点が置かれている。帝国女専に設置された草創期の「家事科」では、主に近代的な「新家庭」を担う女性のあり方や役割、家事における実際的な技術が学修されたと考えられる。

3　学籍簿に見る留学生の割合

　1920年代以降の内鮮の融和政策の中で、帝国女子専門学校も外地に向け入学者の募集を手掛けることになった。戦火の中奇しくも残された学籍簿を追ってみると、最初に登場するのは、韓連順と金徳淑、いずれも1923年入学とあるが中途退学をしている。1928年入学の金秉禼は、卒業帰国後、淑明女子大学において家政学の分野で活躍したとの記録がある。[19]
　「学事年報控」に残された記録、この中で外国人留学生について記されているのは1931～38年の8年間のみであるが、表7の通りである。これを見ると、朝鮮からの留学生は、そのほとんどが家事科（三年制）と家庭科（二年制）に在籍していた。
　1931年4月に入学した李莫乙順の回想記には、寮生活で舎監である先生との交流により安心して留学生活が送れたことへの感謝が記されている。[20] 寮が完備し留学生の多くを入寮させ、受け入れ態勢が整っていたことも帝国女専の特色であったと思われる。「学事年報控」における外国籍・外地からの在籍者数の推移を追ってみると、朝鮮からの留学生は1932（昭和7）年には12人、5年後の1937（昭和12）年には24名の在籍者を数えている。

表7　帝国女子専門学校における外国籍・外地からの在籍者数

西暦	年度	科	人数	朝鮮	満州	中華	台湾
1931	昭和6	国文科	67				
		家事科	198	8		1	
1932	昭和7	国文科	75				
		家事科	199	12			
1933	昭和8	国文科	55				
		家事科	166	10		1	
1934	昭和9	国文科	63		6		
		家事科	129	5			
		家庭科	15		2		
1935	昭和10	国文科	53		5		
		家事科	109	14	9		
		家庭科	20		2		
1936	昭和11	国文科	44	1	2		
		家事科	95	13	2		
		家庭科	6				
1937	昭和12	国文科	40				
		家事科	122	24	2	1	
		家庭科	24	1			
1938	昭和13	国文科	44	1			
		家事科	113	24			1
		家庭科	34		3		

相模女子大学所蔵「帝国女子専門学校・学事年報控」より作成

「報国団員名簿」(1941) から

　時代が下って、1941年8月には「学校報国団ノ体制確立方」の訓令により、学校ごとに学校報国団を組織し、軍事的要請に従って学徒を労務に動員できる体制が全国的に敷かれたが、帝国女専では6月の段階で率先して報国団を組織し「昭和十六年　報国団員名簿」を作成している。「報国団」とあるが、その活動は、国防部による避難訓練、鍛練旅行、強歩・徒歩訓練、陸軍省や陸軍病院、凸版印刷への勤労奉仕、食糧増産のための作業などを実施してた。

　この名簿には、団長以下理事・役員を顧問とし、それに続く教職員組織と学生からなる団員組織全員の氏名と住所、出身高等女学校、帰省先の保証人とその住所が記載されている。十六年度の団長は第3代校長・田中義能、顧問として理事長の平山洋三郎を始めとし理事役員14名、

学生組織の方は、表8に見られるように、入学予備生の国文予科60名を含め学生総数664名、うち外地出身者は150名、その内訳は日本人107名、朝鮮人36名、台湾人7名からなっている。

表8　1941年度・地域別留学生数（帝国女子専門学校）

	学生総数	外地(日本人)	外地(朝鮮人)	外地(台湾人)
国文予科	60	8	2	1
国文一年	70	3		
二年	46	2		
三年	18	1		
家事一年	166	36	5	3
二年	121	19	13	1
三年	71	13	13	
家庭一年	72	17	1	1
二年	40	8	2	1
合計	664	107	36	7

そこで、この団員名簿を手掛かりに同窓会韓国支部長の協力を得て、住所が判明した方々に回想アンケートを実施、これに基づいて下記3名に聞き書き調査をお願いした。

- 張　晶玉　進明高女→帝国女専（1940入学）→高女教員→結婚→大学教員・研究者（栄養学）
- 崔　粉金　東羅南高女→帝国女専（1941入学）→高女教員→結婚→主婦として文化活動
- 孫　戸妍　進明高女→帝国女専（1941入学）→高女教員→結婚→歌人（花冠文化勲章）

　張晶玉は、進明高女4年次に進路について悩んでいたところ、周りの友人たちは早々と留学を決定しており、どうしたものかと担任の先生に相談した際に、帝国女専を薦められたという。留学生は専攻が家事科のみということで不満もあったが、入学を決心した。1940年のことである。東京ではすでに兄が中央大学に在学しており、入学当初はその下宿に住んでいたが、父親が「鴻嬉寮」に入寮

できるとの話を聞きつけ、推薦を貰って入寮した。

　鴻嬉寮は、1941年李方子妃により朝鮮女子留学生のために創設された学生寮である。そこでは日本的な教養の修練を目的としており、そのことに反発や抵抗感を持つ学生もいたようであるが、彼女にとっては非常に恵まれた生活であった。

　学校では、家事のなかでも食物栄養に関心を持って取り組んだ。当初、家事科という専攻にも疑問を抱いたことがあったが、後年この専攻が大いに役立ったことを思えば、返ってよかった。卒業後は郷里近くの安岳高女の家事科教員となり、その後結婚、朝鮮動乱で苦労したが、戦後、鴻嬉寮の先輩から声をかけられ首都女子師範大学・家政学の教員となり、英国留学を経験して慶煕大学の家政学教授、学部長を歴任した。

　朝鮮動乱後、韓国では食糧問題を初め子どもの給食や食の近代化が緊急課題となり、食の科学を受け持つ家政学が急成長した。家政学を修めた人材は引く手あまたで活躍の場を得、帝国女専での学びが功を奏すことになった。[21]（『高等女学校に関する調査資料NO.10』2004年2月　収録のインタヴューより）

　崔粉金は、東羅南高女4年次の修学旅行で京都を訪れ、留学したいと思うようになった。兄が留学のため東京で勉学していたという事情もあって、彼女自身にとっても日本留学は憧れであった。京都女子専門学校を志し、入学案内を見ると5年制高女卒が条件になっていたため担任の先生と相談、5年制高女への編入を目指した。朝鮮では5年制高女はほぼ内地人向けしかも難関校であるということから、猛勉強をした。その甲斐あって、卒業後京城高等女学校5年次に編入することができた。いざ受験という段になって、父親が日本に留学するのなら、首都東京へと強く主張したため方向転換、そこで紹介されたのが帝国女子専門学校であった。当時の彼女には、「帝国」という名称が印象的で、手続きも簡単、寮も完備しているということから、入学を決めた。1941年家事科への入学である。

　入学後寮に入り、友人たちとも打ち解け信頼されるようになって3年次には寮長を任せられた。家事科所属ではあるが、教養科目は

全学の学生が受講、帝大と兼任する一流講師も多く、勉学に打ち込むことができた。人生の糧となる多くのことを学んだという。

　卒業と同時に家事科の中等教員免許状も取得し、母校である東羅難高女へ就職した。留学経験のある新女性であった彼女に縁談が持ち上がり、やはり日本での留学経験・東北帝大に学んだ男性と結婚、その後は専業主婦として家事、育児に専念した。家事や子育て期間中は、帝国女専で学んだことがとても役に立ったという。家事にゆとりができてからは教会や学校、地域の奉仕をし、亡くなるまで専門学校時代の同窓会の韓国支部長を務めた。[22]

　孫戸妍は、1923年父が早稲田大学留学中に江戸川のほとりで誕生、そこから戸妍と名付けられたという。生まれた時から、留学が身近のことがらであった。進明高女に進みそこから1941年に帝国女子専門学校に留学、と同時に推薦を受けて鴻嬉寮に入寮した。学校生活では差別を感じることもあり、悩むことも多かった。そいうなか、鴻嬉寮で顧問をしていた枡富照子から短歌の指導を受け、歌の道へ進むことになった。枡富の師でもあり、帝国女専の顧問でもあった佐々木信綱にも指導を受けることがあった。卒業まもなく『戸妍歌集』（1944）を、その後も歌を創り続け、歌集『無窮花』を第五集まで出版している。

　留学後は、「内鮮一体」を体現する舞鶴高女の家事科の教員として赴任、家事の経験がない彼女は実習が苦手であったという。その後、結婚、動乱、出産、育児のなかにおいてもひとりで歌を創り続け苦境を乗り越えてきた。国交回復後1982年に帝国女専時代の友人の紹介で成城大学の万葉集研究家の中西進の研究室を訪ね、大学院ゼミ生として留学することが許された。翌年、思わぬ夫の死に遭遇したが、短歌を創ることによって絶望の淵から這い上がることができたという。彼女の短歌は日本の民衆に支持され、民間人によって彼女の歌碑が建てられることもあった。また宮中歌会へ招待されるなど高い評価を得た。

　2000年にはその短歌での文芸活動に対し、韓国政府から「花冠文化勲章」を授与されるなど、亡くなる直前まで短歌を創り続けた。[23]

Ⅲ 留学生とジェンダー

　植民地下朝鮮からの女子留学生についてその歴史的概観を掴み、なかでも第二次世界大戦末期に帝国女専で学んだ卒業生への聞き書き等から見えてきたことを、ジェンダーの視点から考察してみると、彼女たちは、女性として、被植民者として、戦時下という状況の中、留学生として日本で学んだわけであるが、その後の生き方のベクトルに影響を与えた共通項として、次の3つのことがら「新女性・新家庭」、「良妻賢母」、「家事科」を挙げることができる。ここでは、これらのことがらに沿って概括することで、考察に代えたい。

1　新女性　新家庭
　朝鮮においては、父権中心の家族制度のなかで、女というだけで学ばずともよいとされ、家の奥で家長に従属することに甘んじてきた長い歴史があった。その後植民地下に置かれ、さらに被植民者としても差別を受けるなか、学びから遠い存在であった朝鮮女性は、それでも徐々に近代学校の門をくぐるようになった。そこから「新女性」は誕生した。
　まずは、19世紀末の開化的な啓蒙運動や愛国自強運動の中から近代学校で学ぶ女性が誕生し、日韓併合以降は教育令により否応なく日本により制度化された近代学校に取り込まれていくことになる。初等教育から、なかでも裕福な家庭の子女には中等教育（女子高等普通学校→高等女学校）が開かれ、そしてその後は高等教育段階に相当するとされた専門学校に通うか日本へ留学するかというように、新女性はより高度な教育を志すようになっていった。
　聞き書きした戦前末期の留学生には、寮に入った者も多い。帝国女専に留学生が多く入学した要因にも寮の完備ということがあった。寮生活の中で、日本の友人を通して日本の家庭の味を体験した。「帝国女子専門学校寄宿舎規則」（1939）には、「本校寄宿舎ハ父母兄姉ニ代リ学業ト品行トヲ監督シ規律生活ニ慣レシムルト共ニ自治的修養ヲ積マシムル所トス」[24]とあり、舎監の下に仲良くかつ規律ある寮生活が行えるよう配慮・監督されていた。

この時期には留学生向けに寮生活を薦める動きもあった。1941年1月に出された「内地留学生指導に関する意見書」(高山秀雄)には、「内地留学生に対しての国民的陶冶は、... 皇民たる現実そのまゝの国民的理念に帰入せしめ、且つ生活実践に於いては、日本的性格を習得せしむるにあるのでありますから、社会各界の指導的有力者よりなる協力活発な『指導機関』を設立し、其の機関の下に更に、各地各方面に学生寮、及び中央に学生会館の設立が要望されて然るべき」[25]との提案がなされている。

　女子寮のトップモデルともいうべき李方子妃が1941年朝鮮女子留学生のために創設した「鴻嬉寮」[26]も、日本的な文化を伝え日本的な家庭生活を体験するための場であった。そこで留学生たちは、希望するしないにかかわらず日本的な家庭生活を身をもって体験することになった。

　女子留学生たちは、この日本的な家庭に新家庭の一つの形を見出し、そこからあるべき家庭を模索し、新しい家庭の創造を期待した。それまで社会のみならず家庭の中においても従属という「差別」を感じていた朝鮮女性は、まずは家庭の中での自らの「位置」を確固なものにしたいと望んだにちがいない。その指針となったのが「良妻賢母」という考え方であった。

2　良妻賢母

　近代教育の形成過程で、女子にとっての教育は男性主導による男性にとって都合のいい教育、すなわち良妻賢母主義教育という形で登場した。とはいえ、この良妻賢母主義教育は、「良妻」も「賢母」もましてや「教育」なども必要ないという次元から眺めた場合、一歩先んじた教育論として朝鮮女性の目に映った。日本から入ってくる女子教育の思潮は、そういう意味で彼女らにとって先進的な役割を演じた。

　中等教育段階になると、教科としての「修身」や「家事」等で「良妻賢母」が喧伝されるようになる。夫を支え、子どもの師として賢い母になることが尊いことであるとされた。そうすれば、家庭の中で夫と同等の権利が得られ、男女相敬により男女同等の地位が獲得できるとされた。具体的な役割としては、家政に通じ家庭の主人公となることである。

　1920年代になると、「良妻賢母」は「主婦」という名称とともに論じ

られるようになる。主婦の役割は家政を治めることにあり。主婦は、この当時女学校以上の教育を受けることのできる中流階級以上、朝鮮では両班出身の女子を対象とした概念であったところから、ほぼ次のような役割が課せられた。主婦は、家政の責任者として、家計を管理し、地域や親族との円滑な交流を図り、円満な家庭を築く。そのためには従来から行われてきた舅姑への務め、家族祭祀の執り行い、下女従僕の使用・監督等に加え、賢い母としての育児、より良き妻として夫を支え、衣・食・住についての家事一般を担うのである。

女学校における教科としての「家政」では、合理的な家事運営を目的に、理論と実技が課せられたが、概して裕福な家庭の子女は家事経験が乏しく、実技に苦労したようである。

留学生が来日し始めた 1920 年代以降の日本では、大正デモクラシーの潮流に刺激され、新しい生き方として「女性の自立」ということが囁かれるようになり、社会進出を果たし、仕事を持つ女性も増えてきた。そうしたなか、「良妻賢母」が問われるようになる。「主婦」として生きるべきか、社会の中で自立した個人として生きるべきか。朝鮮においてもこうした女性の生き方を巡る問いかけは、日本へ留学した羅惠錫の生き方にも見られる如く、苦悶に満ちたものであった。

1940 年代になって大きく門戸を開かれた留学生には、社会参加の志向も一般化してくるなかで、中等教員資格の取得を目指す、あるいは資格取得を大義名分とする者も多かった。一方で受け入れ先の専門学校の方でも、入学者獲得のために資格を置くケースも多く見られた。私自身が聞き書きをした元留学生たちは、全員資格を取得し卒業後一度は高等女学校教員になっていた。この頃は戦時下、生徒や学生にとって就職するなど身分が安定していないと徴用に取られる心配があり、本人もまた保護者もそうすることを願った。要するに、留学後はとりあえず資格を活かして就職をする。結婚したら家庭に入り、専業主婦となるのである。そして、育児が終わったら、専門を生かせる仕事に就く。

朝鮮動乱後焼け野原となった韓国は、国家再建という名目から、専門職としての家政学を求めることになる。戦前日本で学んだ最後の留学生たちの多くは、その道の専門家として、水を得た魚の如く新たな地平を開拓することになった。

3 専攻としての「家事科」

　朝鮮からの女子留学生は、専門科目としては「家事」を学んだ者が多い。朴の調べにおいても、「聞き取り調査を行った元留学生（64名）のうち、家政学を学んだ者は34名であった」[27]というように、約半数の者が家政学を学んだ。帝国女子専門学校では、家事科のみを留学生に開いていたというが、もう一方の国文科であると、やはり言葉の障壁が大きかったと思われる。国文予科で1年学んでから本科に入ることはできたようであるが、留学生には実際的な科目の方が学びやすかったことも事実である。また当時、家事科は内地においても人気学科であったことから、留学生にとって人気の学科であったとしても不思議ではない。

　実際に卒業してから、また戦後「家政学」として高等教育に位置づけられるようになって、「家事」を学んだ実績は、彼女たちにとっても韓国社会にとっても大きな意義を持った。韓国全体では数少ない元留学生に白羽の矢が立ち、大きな期待が寄せられたと、元留学生たちは語った。

　ここで日本の「家事科」の歴史を紐解いてみると、まずは家事科成立に寄与した人物として野口保興の名前が挙がってくる。原田一氏はその論考「家政学の先覚者野口保興について」の中で、「明治十一年平山氏（平山成信：筆者注）は当時十九歳の野口氏をフランスに伴ってゆき、ここで勉強させるようにした。このときすでに野口氏は女子教育の研究をもってその目的としたという。パリではCという老嬢の家に下宿、ここで台所の手伝いをして西洋料理の技術を身につけたり、編物を学んだり、園芸趣味を養った」と実際的なフランス風「家政」を身に付けつけたようである。帰国後東京師範学校では代数学を担当したが、女子学生には家政学も教えていた。女子高等師範学校に移ってからは、「高嶺秀夫校長の下で、氏は家政学の構成について立案し、専らこの科目に力を注いだが、やがて後閑菊野氏に仕事を譲って地理学を担当することとなった」とある。まだ正規の「家政学」がない時代に、家政学構想を提案し実行したわけである。時代が下って、「帝国女専における氏の担当科目は、数学でも地理でもなく、衣服原理、家具什器、育児法、家庭管理法、家庭教育、図画、特殊問題であって、料理、裁縫、手芸等の実技を除く家政学のほとんど全分野を一人で担当した。多年に亘り蓄積した

知識・経験を傾注して自分の娘を教えるように（令嬢の三枝さんも生徒であった）熱心に指導した。それより十年間在職して昭和四年に退職し」[28]たと述べている。

この記事にみられるように、帝国女専の「家事」は野口保興に代表される。『相模女子大学八十年史』によると、1919（大正8）年4月の記述において、「かねて顧問として平山成信を援け、静修実科女学校の設立にも献策するところがあった野口保興が帝国女子専門学校の副校長に就任した。平山の懇請に応えたもので、兼ねて顧問をつとめることは従来どおりであった。地理学はじめ幅広い学問領域に通暁した野口は、『家事の新研究』の著者とともに、特にわが国における家政学の草分として知られるが、副校長に就任して以来、学校の隆盛を図るべく多大な努力を傾けた」[29]とある。

野口の『家事の新研究』[30]は、「家庭の本義」「家庭の実務（食物・住宅・衣服・家具什器）」からなり、その後の「家政学」の原論ともいうべきものである。近代の家庭のあり方をしっかり踏まえたうえで、主婦として家庭を司る技術を身に付け、家庭のやりくりを任せられる女性を育成することに主眼がおかれていた。

1940年代に帝国女専に学んだ留学生は、直接野口に師事したわけではないが、野口の学風はその後の帝国女専にも引き継がれ、彼女らが学んだ家事も主婦になるための生活に密着した実際的な家事であったという。

留学生たちは、いわば良家の子女であったためそれまで家事の実際的経験がなく、授業中にもまた卒業後就職してからも実は困ったこともあったそうであるが、家事科を学ぶことによってある程度自信をつけ、新しい家庭観を持って新家庭の創造を模索した。またそうした挑戦を経て、戦後の韓国において一定の社会的役割を果たした。

女子留学生―帝国女子専門学校の事例から　71

【参考写真】戦時下の帝国女子専門学校
　　　　（『校舎は焼けても、学校は焼けない――相模女子大学の110年』[2013] より）

正門と本館

議会風景（1941年頃）

校舎全景（1939年）

割烹室での調理実習（1941年頃）

学生寮（青葉寮・橘寮・翠寮、1941年頃）

勤労動員（日本皮工場で皮をプレスする、1945年）

【註】
※本稿は、2013年3月16日に開催された「第16回日本植民地教育史研究会大会」でのシンポジウム「植民地教育史とジェンダー」における同タイトルの発表を元に作成したものである。発表の下地として用いた「日本への留学――帝国女子専門学校に学んだ留学生」(『相模英米文学』26号)と重なる部分があることをお断りしておく。

1 　帝国女子専門学校の住所は、東京市文京区大塚七〇番地(現・文京区大塚一丁目三番地八号)であった。戦火で消失し戦後相模原に移転、学制改革により1949年4月から相模女子大学として開学、現在に至る。(現・相模原市南区文教2丁目2番地1号)
2 　「韓国近代女性教育」『韓国女性史Ⅱ』の翻訳『高等女学校に関する調査資料NO.7』2000年　p 91- p 100
3 　「朝鮮植民地教育の展開と朝鮮民族の抵抗」『世界教育史体系』講談社1975年 p 373
4 　『近代日本教育制度史料』第八巻　講談社　1964年　p 173- p 175
5 　金富子『植民地朝鮮の教育とジェンダー』世織書房　2005年　p 369
6 　『朝鮮統監府統計年報』『朝鮮総督府統計要覧』『朝鮮諸学校一覧』より作成
7 　京城商工会議所調査課「京城府内に於ける女学校以上卒業者の状況」1944年4月より作成
8 　同上
9 　同上
10 『女学雑誌』410号　1893年　p 232
11 朴宣美『朝鮮女性の知の回遊』山川出版社　2005年　p 28
12 同上　p 35　表10より作成
13 女子美術大学「アジアの華　美の還流」, 同『女子美の歴史Ⅱ』2003年より
14 羅英均『日帝時代、わが家は』みすず書房　2003年より
15 山崎朋子『アジア女性交流史　明治・大正篇』1995年 p 283- p 310
16 相模女子大学『相模女子大学六十年史』1960年, 相模女子大学『相模女子大学八十年史』1980年,『相模女子大学の110年』2013年より
17 相模女子大学『相模女子大学八十年史』1980年　p 126
18 相模女子大学『相模女子大学八十年史』1980年　p130
19 相模女子大学『相模女子大学八十年史』1980年　p160
20 相模女子大学翠葉会『軌跡：同窓生が綴る母校の歴史』1997年
21 2003年9月ソウルで実施した「聞き書き」より
22 2006年9月ソウルで実施した「聞き書き」より
23 1998年11月翠葉会館で実施した「聞き書き」、北出明『風雪の歌人：孫戸妍の半生』講談社出版　2001年, 同『争いのなき国と国なれ：孫戸妍の生涯』英治出版　2005年より
24 相模女子大学『相模女子大学八十年史』1980年　p 628
25 高山秀雄「内地留学に関する意見書」1941年1月　個人刷
26 崔恵淑『恨の彼方に』右文書院　1999年　p 34- p 38　1941年、渋谷区若木町11-7にあった李王家長官宅を朝鮮からの女子留学生寮として使用、現在その跡地が國學院大學の所有となっている。
27 朴宣美『朝鮮女性の知の回遊』山川出版社　2005年　p 36

28 『家庭科学』第 52 巻第 2 号 1985 年 10 月　P30
　「家政学の先覚者　野口保興について」
29 相模女子大学『相模女子大学八十年史』　p 126
30 『家事の新研究』目黒書店　1916 年　野口の構想では上巻・下巻、理論編と実践編で刊行の予定だったようであるが、残念ながら下巻は出版されなかった。

シンポジウムの趣旨とまとめ

小林茂子*

1. テーマ設定の経緯と開催趣旨

　2013年3月の研究大会におけるシンポジウムは、「植民地教育史とジェンダー」をテーマに掲げ行なわれた。
　このテーマを設定するにあたり、植民地教育史を性別の社会的／文化的側面を明示したジェンダー（gender）という視点から考えることは、従来の研究的視野を広げることにつながるであろう、との認識は確認できた。では、どのような切り口からこのテーマを掘り下げられるか。本研究会では今まで「植民地教科書の分析」や「新教育と植民地教育」などをテーマに研究に取りくんできたが、これらの視点をさらに深める方向で考えられないだろうか、と議論を進めてきた。話し合うなかで例えば、教科書分析からみたジェンダー、「国語」とジェンダー、あるいは植民地女性の不就学問題などの論点があげられ、本研究会での研究蓄積と今後の研究の見通しを探るようなかたちで意見が交わされた。議論が深まるにつれ、ジェンダーの視点は植民地教育の意味を探り、その本質に迫ろうとするうえで重要なファクターであり、かつ広く植民地における産業や文化、経済などとも関わる視点であることが認識されるようになった。そこで、植民地教育史研究におけるジェンダー視点の有効性を十分生かすため、最初から論点を絞り込まず、まずは広く問題意識を共有することから始めることを考えた。本シンポジウムを「第一弾」と位置づけた所以である。そのため今回は特に一つの論点を設定せず、各報告者から現在取りくんでいる研究内容を提起してもらうことにした。そ

*中央大学非常勤講師

こでの討論からでた意見や課題を次へと引き継ぎ、より多面的な方向からの論点設定をめざすという意味で、継続テーマの扱いとしたのである。以下が、本シンポジウムの開催趣旨であった。

「植民地主義には「女性」の支配や抑圧が人種や民族差別・階級支配などと同時に本質的にかかわっていて、そのためにこれらの分析にはジェンダーという視点が決定的に重要である」[1]といわれている。ジェンダーという視点から植民地教育史研究に重層性を加えるともに、植民地教育の背後にある権力構造や植民地社会内部での階層性をも明らかにしうる重要な分析視点であると考える。本シンポジウムでは、こうしたジェンダー視点の重要性を認識しつつ、まず第一弾として、各植民地でおこなわれた女子教育の実態や女子教育に関する個別の状況について、発表者による研究報告をうけ、ジェンダー視点からみた植民地教育史の全体的な認識を深めたいと思う。今後さらに第二弾として、今回での議論をふまえ、各植民地の教育にみられるジェンダー視点による共通性や差異を探り、具体的かつ比較可能な論点を設定することで、より深めた話し合いへと進めていきたいと考えている。

2．各報告者とコーディネイター

本シンポジウムのコーディネイター・司会は小林茂子があたり、次の方々に報告をお願いした。
・「台北州立台北第三高等女学校における裁縫科教育と女子教員の養成－国語学校附属学校時代から1920年代を中心に－」滝澤佳奈枝会員
・「植民地朝鮮における総力戦下の教育－朝鮮人高等女学校生徒の「皇国臣民」化－」有松しづよ会員
・「女子留学生－帝国女子専門学校の事例から」福田須美子氏（相模女子大学）

三人の報告は、先にも述べたとおり特に内容についての指定は事前にお願いすることはしなかったが、共通して高等女学校に関するものとなった。しかし時代・地域については1920年代の台湾、総力戦下での朝鮮、日韓併合以降の帝国女子専門学校に学ぶ女子留学生というように

それぞれ異なり、各報告は時代的特性と各植民地の実情を反映した女子教育の実態を描き出しており、討論をするうえで有益な内容を提起していただいた。三人の報告内容については本書別稿にて掲載されているので、ここでは割愛する。

なおシンポジウムは、研究大会第一日目の13時30分から17時までにわたり行なわれた。まず各報告者からの発表をそれぞれ30分程度行ない、確認事項等の簡単な質疑のあと、討論にはいった。特に話し合う視点はださず発表についての質問や全体的な意見などを受け、各報告者がそれに応答するという形で進められた。

3．話し合われたこと

ここでは討論の流れに沿って、だされた意見や質問に対する応答などを要約して整理する。なお討論内容の再録ではないため、要約・編集上省略させていただいた部分があることをご了承いただきたい。

まず、植民地での女性の生き方と近代化との関わりから質問・意見がだされた。最初に昭和初期日本であらわれたモダンガール（新女性）などの流行は、植民地での裁縫教育や総力戦下の女子教育とどう接合するのかといった質問がだされた。有松会員からは、「新女性」の流行は1920年代の閉塞感からでたのではないか。新女性は結果として支持されず、皇国女性として皇国臣民化体制にからめとられたとの応答があった。また、モダンガールは帝国日本では前近代的なものからの解放という面もあったのでは、という意見がだされ、これに対し、植民地での近代化には支配の論理があり、銃後の女性の役割など国家が与えたジェンダーという面があったのではないか、という意見が関連してだされた。福田氏からは、新女性には家庭からでて社会で働くといった「近代的」な感覚があり、留学にあこがれる者も多かった。生き方の模索ということはあったが自己の確立に結びついたのかどうかは疑問であるという。こうした話し合いのなかから、植民地と日本でのジェンダーの違い、例えば国家や社会がもとめた女性の役割といったものはどう違うのか、という疑問がだされた。

今回のシンポジウムの報告は、共通して高等女学校という高学歴女性についての内容であったが、女性のなかでも様々な階層出身者がおり、それへの着目の必要性についても指摘があった。元「慰安婦」女性が1991年に初めて声をあげたことを例にあげ、朝鮮で低位にある女性は、被支配地・植民地のなかで、男性より低く、階級・階層の下層に位置し、複雑な女性支配のなかにおかれている。こうした女性についてもみていく必要があるとの意見がだされた。これに対し福田氏からは、女性内の階層性や女性の権利の不平等性といった支配構造は教育のなかにどう現われているのか、差別との関わりでみていく必要があるとの意見があった。また滝澤会員は、高女で裁縫教育をうけた学生は教員となり社会へ進出していくが、学歴の低い女性が裁縫でなりわいを立てるということはなかった。裁縫が仕事として成り立つことについても階層差がみられたとの意見があった。

　また、日本の教育が植民地の女性にどのように受け入れたのかについても意見が交わされた。日本が持ち込んだ「良妻賢母」や「新女性」という考えは植民地の教育や文化のなかでどう定着していったのか、といった疑問がだされた。これを受け、植民地女性がより高い地位をもとめて教育を受け入れていった場合と、日本の教育に対する抵抗として教育を拒否している場合もある。どこまで拒否の姿勢があったのかといった意見がでた。有松会員からは、朝鮮では日本の教育の受け入れについて様々な立場の女性がいたが、それらの女性たちが皇国臣民化という名のもと総力戦体制下に組み込まれていった過程について説明があった。また学校教育を受け入れる際、本当に主体的に参加していったのかどうか、統計の見方には注意を要するといった意見や、植民地とジェンダーからみて、ファッションなど消費文化の植民地での受け入れについてはどうかといった意見などもでた。このように植民地における各層の女性が日本の教育や文化をどう受け入れたか否か、あるいは受け入れさせられたか否かについては就学率といった数字だけではわからない、様々な要因があることを知らされた。またさらには、ジェンダーというと女性の「抑圧」といった面に目を向けがちだが、男性側からジェンダーを考えることも重要性なのでは、といった点についても意見があった。

　最後にこれらの討論をふまえ、各報告者から補足的な意見や今後にむ

けての研究の課題について意見をもとめた。滝澤会員からは、1920年代の裁縫教育は女性の社会進出を促す側面があり、また台裁（台湾服の裁縫）のような民族的な要素も残っていたが、30年代以降台裁はなくなっていく。30年代以降の裁縫教育はどのように変わっていくのか、ジェンダーの視点からみていく必要があるとした。有松会員は、総力戦下、様々な階層の女性たちが皇国女性のための教育として家庭から外へ出ていく。そこには権力側に利用されていく面もあった。今後学校教育以外の動きをみることで、学歴のない女性たちについても調べることが必要であると述べた。福田氏は、統計とインタヴューで当時の女子留学生の一つの実態を明らかにした。男性中心の植民地社会のなかで、女子留学生が担った役割について権力構造のなかで見ていく必要がある。日本への留学にどのような意味があったのか、戦後の彼女らの生き方をとおして、社会での役割や社会的位置についてさらに分析を進めたいと語った。

4. 総括と今後の展望

　本シンポジウムでは、一つの視点で問題を設定して討論をするというスタイルを取っていなかったため、討論の方向性が明確に絞り切れず、だされた意見について十分に深めた話し合いへと進めていくことができなかった。今振り返ると、絞り込んだ視点設定はできなくても、初めに話し合いの土壌となる何らかの枠組みを提示すべきであったと自省する。そうすれば報告者間での討論もでき、各時代による各植民地での高等女学校の特性がより浮き彫りになったのではないだろうか。司会の進め方として今後の反省としたい。しかし、個々の報告と今回の討論をとおして、植民地教育史研究にジェンダー視点を取り入れることの重要性を改めて認識させられたとともに、ジェンダー視点をもってどのように植民地教育史の領域に切り込んでいけるのか、そのヒントとなる貴重な意見や発言が多くだされ、本シンポジウムのねらいである次へつながる課題を明確化させるという点については、少なからず収穫があったのではないかと思われる。ここでは、シンポジウムの討論をとおして、今後

検討・継承すべきいくつかの論点について若干の整理をしておく。

　第一として、日本と各植民地におけるジェンダー構造の違いを明らかにする必要があるという点である。それは女子教育の制度的な違いのほか、女性をめぐる言説や思想、文化、与えられた役割、あるいは女性自身の意識の問題など様々な違いが考えられる。そしてそれらの違いを単に比較するだけでなく、日本から植民地へどう伝播、移殖され、受容されたのか、あるいは拒否されたのかというその過程についても検討する必要がある。今後は各植民地における時代の変化、統治政策の違いなどにも考慮し、日本と植民地におけるジェンダー構造の違いを、研究方法も含めてより精緻でかつ広い視野から研究することがもとめられよう。第二は、上述でも「女性をめぐる」とか「女性自身」のといった言い方をしたが、この「女性」には実は多様性があるということである。「実際に存在するのは、セクシュアリティ・階級・階層・エスニシティ・人種・年齢・障害の有無などを異にする多様な「女性」」[2]であり、単に「女性」一般では、こうした多様な女性の実態がみられなくなってしまうという点も今回改めて確認させられた。植民地での教育とジェンダーの問題は、重層化された支配構造のなかで、教育に関わる多様な女性の姿を明らかにしていくことであり、女性の多様性への着目は今後も不可欠な視点となるであろう。例えば、今回の討論では話題にでなかったが、台湾や満洲の少数民族の女性の教育などについても考えられるべき問題ではないかと思われる。第三は、討論の最後の方で言及があった男性側からみたジェンダーの視点も重要なのではないかと思う。ジェンダーは社会的・文化的側面の性差を扱っているが、なにも女性の側だけでなく、男性の側からもみていくことも含まれている。「ジェンダー研究は女性のいるところでは、女性の研究を、女性のいないところでは女性を構造的・組織的に排除する男性集団の研究を」[3]行なうといわれている。こうした意味でも従来の教育史研究を男性側からのジェンダー視点をもって意識的に見直すことは、新たな視点を獲得することにつながるのではないかと思われる。

　近年、歴史学の分野で「植民地責任」論という研究が進められている。これは、戦争による虐殺や虐待などを問う「戦争責任」とも、植民地支配に伴う制度的暴力を問う「植民地支配責任」とも異なる。「植民地責任」

とは、奴隷貿易時代から植民地支配、そして現代に至るまでを射程にいれ、こうした歴史全体に対する「「責任」をめぐる根源的な問いかけ」[4]を指すという。そこでは「責任」の問い方もそれへの「償い」も多様でありうるが、植民地教育史研究も、こうした「問いかけ」の一つの取りくみとして捉えるならば、この研究にジェンダー視点を取り入れて研究を進めることは、「植民地責任」の内容をより広範により深く問うことにつながるのではないだろうか。

　以上のことを、このシンポジウムから学び考えることができたと思われる。この議論を受けとめ、今後どのように発展的に深めていくことができるだろうか。討論における論点設定の難しさと重要さを十分考慮に入れ、さらに慎重に検討を重ねたいと思う。

【註】
1　岩崎稔、大川正彦、中野敏男、李孝徳編『継続する植民地主義　ジェンダー／民族／人種／階級』青弓社、p.8、2005
2　木村涼子、伊田久美子、熊安喜美江編『よくわかるジェンダー・スタディーズ－人文社会科学から自然科学まで－』ミネルヴァ書房、p.27、2013
3　同上書、p.4
4　永原陽子編『「植民地責任」論－脱植民地化の比較史』青木書店、p.27、2009

II．研究論文

放送が果した日本語普及・日本語政策論の一側面
―― 雑誌『放送/放送研究』にみる戦時下日本語論の展開 ――

田中 寛[*]

> 今ぞ興亜の空青く　電波は冴えて海外に
> 八紘一宇日本の　理想を高く　進めゆく
> おお、ラジオ　ラジオ　われらの光
> 　　　　　　　　　（西元静男「ラジオの歌」）

1. はじめに

　放送（ラジオ）が戦争に、戦争が放送（ラジオ）に多大な影響を与えたことは、戦争におけるメディアの役割といった視点からこれまでさまざまな研究が行われている[1]。本研究では日本放送協会という日本の国営放送において、放送の実態検証の一方で、どのような理念、指向性で発信されたかという一端を知るために、当時の刊行物を手掛かりに文献調査を行った。すなわち戦前戦中期に日本放送協会が発行した月刊誌『調査時報』『放送』『放送研究』（当誌は発足当初『調査月報』であったが、すぐに『調査時報』に改め、昭和8年に『放送』、さらに昭和13年に『放送研究』と改称した[2]）にあらわれた日本語論、言語政策論をとりあげながら、そこに発揚された国民に対する涵養としての国語、対外文化政策としての日本語および文化政策の内実を検証する。
　戦前戦中期における日本語論、国語論と日本精神作興論、および日本語の海外普及策について多くの論評が展開されたことはよく知られているが、その体系的な記述と総括は十分であるとは思われない。筆者は目下、同時期における日本語論及び日本語教育論の実態調査を進めているが、本稿もその一環である。日本の国益を強く意図した論評を数多く掲

[*]大東文化大学外国語学部教員

載した当雑誌『放送』をはじめ、出版メディアがいかに戦争と関わったかを知る手立てでもある[3]。

以下、刊行の時期を前期（昭和3年〜昭和11年）、中期（昭和12年〜昭和15年）、後期（昭和16年〜昭和18年）に分けて、掲載された主要記事を中心に概観する。重要と思われる記事は濃字で示した。雑誌『放送』『放送研究』の果した日本語論、日本語普及政策を軸とした戦時プロパガンダの一端を明らかにする。

2．前期（昭和3年〜昭和11年）にみる国語・日本語論の生成

本節では創刊から昭和11年（盧溝橋事変以前）までに掲載された記事を追うことにする。ラジオは大正14年3月22日、芝浦の東京高等工芸学校の建物の一部を借りての発信に始まる[4]。現在の多量メディア時代から考えれば、当時の放送による情報の提供には絶大なる権威と信頼があったことが想像される。これに3年遅れて日本放送協会は『調査時報』を昭和3年4月に創刊した。B5判横組みで平均20〜30頁程度で、当初はとくに啓蒙的な内容はみあたらず、放送局の設置場所・時期などの記録的な役割を担っている。各地の事業状況、受信技術、聴取加入、内外の放送技術についての研究の断片的な紹介にとどまる。以後、月刊誌として順調に刊行が続き、昭和6年、第4巻第1号（以下S6, 4-1のように記す）からB5判縦組みに変更した。放送文化面、技術面に関する記事が多くなっていくと同時に、外国語教授に対する関心も高まった。本誌の性格について次のような謳い文句がある[5]。

> ラジオと家庭を結ぶ全国民の雑誌、本誌を読めばラジオも益々有意義に聴け、家庭が一層明るくなる。面白く有益な家庭向読み物、翌月の放送番組紹介、絶賛を博した講演放送の掲載、家庭婦人その他講座のテキスト、放送文藝懸賞募集、有名作家の小説とラジオドラマ、放送批評と外国の放送事情、其の他放送・家庭記事満載…

「本邦唯一の権威ある放送研究雑誌」として、「近代科学文化に厳然と

光芒を放つラジオジャーナリズムの金字塔」を意図したのであった。この時期は特に時局を意識した記事はなく、ラジオによる国語意識、音声を含む標準語の諸問題、外国語教授の問題などがとり上げられる程度である。そのなかでラジオを国語問題として位置づけた矢部、馬淵の記事が注目される。出版年月と巻号数字は必ずしも一致しない）。〇印の記事は本稿においてとくに注目した国語関連記事である。

- 「ラジオに依る外国語教授に就いて：邦訳」（エー・エフ・トーマス）S6.6（1-4）
- 「国語統一に於ける役割」（矢部謙次郎）S6.6（1-5）
- 〇**「ラジオと国語統一」**（馬淵冷佑）S6.6（1-5）
- 「ラジオに依る外国語教授に就いて：原文」（エー・エフ・トーマス）S6.6（1-5）
- 〇**「ラジオと国語統一（つづき）」**（馬淵冷佑）S6.7（1-6）
- 「勝手なこと二三」（土岐善麿）S6.7（1-6）
- 「放送と外国語教授（一）」（堀尾浩一）S6.11（1-13）
- 「放送と外国語教授（二）」（堀尾浩一）S6.12（1-15）

　同年9月号（1-11）、10月号（1-12）は未確認であるが、1931年の満洲事変勃発を受けて、一定の報道規制がかかったことも考えられる。
　翌昭和7年もさしたる変化は見られない。増田（2-17,2-18）の報告「国語とラジオ放送」は前述の矢部、馬淵の主張の流れを組むものであった。

- 「アナウンサーを悩ます支那語の読み方」（仲木卓一）S7.2.15（2-4）
- 「国語教育の為に」（柳田國男）S7.4（2-7）
- 〇**「ラジオと国語及び国語学」**（藤村作）S7.5（2-10）
- 「日本語の新しい美を」（高村光太郎）S7.5（2-10）
- 「ラジオと外国語の教授」（岡倉由三郎）S7.5（2-10）
- 「ラジオの感想」（三宅雪嶺）S7.5（2-10）
- 〇**「ラジオと国語教育」**（八波則吉）S7.9.1号（2-17）
- 〇**「国語とラジオ放送（一）」**（増田幸一）S7.9（2-17）

○「国語とラジオ放送(二)」(増田幸一) S7.9 (2-18)
・「英国に於ける国語統一問題—主としてラジオと標準語の問題に就いて—」(崎山正毅) S7.10 (2-20)
○「ラジオと言語」(金田一京助) S7.10 (2-19)
・「言葉の統一とアクセントの問題(一)」(神保格) S7.11 (2-22)
・「言葉の統一とアクセントの問題(二)」(神保格) S7.12 (2-23)
・「標準語と方言・講演と講座」(佐久間鼎) S7.12 (2-23)

一方、時局を反映した記事では、満洲国における放送事情も紹介された。

・「奉天の放送」(満満謙吾) S7.9 (2-17)
・「日満ラジオ雑記」(相原菊) S7.9 (2-18)
・「満洲だより」(加藤誠之他) S7.9 (2-18)

翌昭和8年は引き続き国語教育に関するもの、とくに標準語の確立といった国民意識の統制に関わる議論、それにかかわるラジオの役割についての論評が特色である。そのなかで池田(3-1)が国語教育の全国的機関としての役割を強調した。このころから前述神保格(2-22,2-23)や高橋正一(3-9,3-11)らの考察により日本語のアクセント、音声学に関する研究が高まった。科学的な見地の表明でもあり、実験音声学の走りといえよう。教育機関としてのラジオを用いた国語教育の伸張、標準語と方言などの議論を通して国語統一の意識が高まっていく。対外接触を意識して日本語という表記も少しずつ出てくる。音声学がその契機だったともいえる。以下、同様に主要記事を列記する。

・「放送用語について」(保科孝一) S8.1 (3-1)
・「ラジオと語学教授」(市河三喜) S8.1 (3-1)
○「**国語教育機関としてのラジオ**」(池田亀鑑) S8.1 (3-1)
・「電気音響学より見たる日本語母音及び子音の組成(上)」(高橋正一) S8.9 (3-9)
・「電気音響学より見たる日本語母音及び子音の組成(下)」(高橋正一) S8.11 (3-11)

・「防空演習に於けるラジオ施設」（大野煥乎）S8.9 （3-15)
・「ラジオ言語学建設の議」（石黒魯平）S8.10 （3-19)
・「話し手と聞き手の問題」（土岐善麿）S8.11 （3-24)

　大野のような戦時下におけるラジオ普及を意図した記事も見られるようになった。ちなみに日本放送協会が刊行した『ラジオ年鑑』の巻末には各種家電・音響メーカー、電池や真空管、無線機などの広告が目立つのも興味深い、以下、その主要なものである。

　　　興亜建設の報道機関、無線日本の誇る精華ラジオ、「海の彼方へも懐かしの故郷の声、肉声そのまま御取次申し上げ候、正しい音、必死の研究　努力の結晶（マツダ真空管）、南に北にゆくところ第一線でご奉公、「ニュースを聴きましょう」（コロンビア）、大東亜の地図（日本電業社）、「屠れ！米英　我等の敵だ、進め一億火の玉だ！」（山中電気）…

　ここには、科学日本の犠牲的精神、統制ある国体訓練、指令通達のための装備が宣伝された。「音」の忠実性は、いわば国民統合に歩調を合わせ芸術性、精密性を意識化させる機会ともなった。また、航空機にも無線、ラジオ機器の装備などが必需となり、海軍の爆撃機一式陸攻の絵柄を用いた東京電機株式会社など、広告にも軍用機、水上機が使われたりする。ラジオの発展はアジアにおける日本の覇権拡張とともに喧伝されていったことが分かる。ラジオ放送は次第に国家を代弁する声となっていくのである。
　引き続き、昭和9年の関連記事をみてみよう。

・「標準語奨励の精神」（石黒魯平）S9.1　（4-1)
・「日本精神と国語意識」（無記名）S9.2　（4-2)
・「国民意識と標準語」（長谷川誠也）S9.4　（4-4)
○「**基礎日本語**」（土居光知）S9.5　（4-5)
・「ラジオを通して聞く言葉の問題」（飯塚友一郎）S9.6　（4-6)
・「満洲国皇帝即位祈念、英米満日国際放送」（頼母木真六）S9.6　（4-6)

ラジオの果すコトバの役割が意識化され始めたものの、この時期に於いては対外的な日本語論は登場しない。国語の順化、標準語についての論評が数点見られるだけである。中には将来の海外日本語普及を意図した「基礎日本語」のような資料も紹介された。また「満洲国皇帝即位祈念」のような世界に発信する日本帝国の偉業についてもラジオは大きく貢献したといえよう。このほか、「ラジオと文化」（戸田貞三）などが見られる。
　一方、『調査時報』は昭和9年4月から『放送』と誌名を変え、質的量的にも充実を増してくる。「農村における経済状態とラジオ文化」などにみるように地方でのラジオの役割も注目され始める。以下、主要な掲載号を検討していく。

・昭和9年5月号（4-8）掲載の「慰安放送の新生活面」（須永克巳）のように、「慰安放送」という用語が出始めるのもこの頃からである。慰安という概念は、娯楽を精神化したものである。ただ娯楽といったのでは情が通じない。詩吟・詩歌の朗読一つとっても精神文化としての意識化がなされるようになった。なお、当号には「最近のシャム放送事業」の紹介があり、友邦タイへの関心が見られる。
・昭和9年6月号（4-9）では国際放送に焦点が当てられる。廣田外務大臣のほか各国（米国、独国、満洲国、英国）大使、公使クラスのメッセージが掲載されている。特に、柳澤健「国際文化事業と国際放送」はラジオによる国際化を本格的に論じた最初の論考であろう。
・昭和9年7月号（4-10）にはラジオ芸術、ラジオと近代精神などのほか、みるべき記事は見当たらない。昭和9年10月号（4-13）には農村（文化）とラジオ教育、ラジオ娯楽の特集が掲載された。昭和9年11月号（4-14）には、「日本精神とラジオ」（高須芳次郎）、「人と其の声」（桑田芳蔵）、「ラジオ小説論」（小田嶽夫）などのほか、とくにみるべき記事はない。
・昭和9年12月号（4-15）には**「標準語と方言の問題」**（佐久間鼎）が掲載され、再び標準語論が出始める。放送事業についての多角的な論評

がある。
・昭和10年代に入ると、ラジオ事業の整備も一段と進み、学校放送についての議論が活発化する。即ち、ラジオ・テキスト論、学校放送における各教科教授の問題点、ラジオ教育と教師などである。「ラジオと国体式智能検査」（千葉胤成・田中秀雄）の論評のように、ラジオが国体に関わる機構としての役割が意識化され、同時にラジオの心理的研究も進む。　昭和10年2月号（5-2）には宗教放送の内容と形式では、放送内容に関する管理的指向が現われはじめる。こうした状況に対して、「放送言語と"二枚舌"主義」（石黒魯平）などの啓蒙記事も載った。
・昭和10年4月号（5-4）は事業組織経営十周年の記念号で、報道放送、教養放送、慰安放送の回顧記事が掲載される。このころ、十周年をむかえると聴取加入者は二百万を超え、「ラジオの使命愈々重し」の時代となる。同時に海外放送の意義についても再論される。
・昭和10年6月号（5-6）「国際文化事業としての"海外放送"」（柳澤健）は、前論（柳澤健「国際文化事業と国際放送」）に続き国際文化事業としての意義づけが進むことになる。
・同年8月号（5-8）は実況放送の特集で、材料、表現、技術の面から報告されている。言語関係では**「放送に因む英米語」**（山本修三）があり、英米語に対する意識が垣間見える。
・同年10月号（5-10）では「慰安放送とその対象」と題した特集がなされた。知識層、商業者層、労務者層、農業者層、青年層、児童層、婦人層における放送の意義が明白化された。また、演劇、演芸、音楽などの形態におよぼす心理的問題や影響も議論された。慰安放送に対する注文として投書、葉書回答なども載った。
・同年11月号（5-11）では前号をうけて放送番組における郷土性が強調される。言語では東條操「放送用語と郷土性」が注目される。「慰安放送の新生面」として懸賞募集された入選作の紹介もなされた。「挙国一致のラジオ体操の会」も注目される。この頃から、「慰安放送」についての実情が毎号報告されるようになる。

　年明けて昭和11年、国民文化の基準と放送の主導性、国民演劇の創造などの記事が載る。国民音楽などのように、「放送における国民概念の指導性」が創出される。とりわけ、「国体聴取の展開」（西本三十二、

2, 3, 4月号）についての議論が注目される。

　さらに文化感覚の契機に関して、ラジオ普及のための基礎的要件についての省察がなされた。

・昭和11年4月号（6-4）では「ラジオ国策論」としてアナウンスの用語、形式、マイクについての議論（座談会）も催される。諸外国との比較、紹介もなされた。同年5月号では「ラジオと児童文化」についてであるが、一方、中国に関する文化紹介もこの頃から見られるようになる。同年同号では「礼楽の再吟味」として「上代支那における礼楽の思想」（青木正爾）「上代支那における礼楽の実際」（石井文雄）が載った。

・昭和11年6月号（6-6）では海外放送一周年と題して「国策と海外放送の功績」（佐藤敏人）が載った。中国関係では**「最近支那の放送活動」**（横山秀三郎）がある。同年7月号では「言語美学より観たアナウンス」（佐久間鼎）のほか、当時開催されたベルリンオリンピックの実況放送（前畑ガンバレなど）の記事が目立つ。聴取加入者も増え、ラジオはオリンピックを境に国際文化的視野を移植されることになった。同年9月号では12年目の「語学放送」について英語学者岡倉由三郎による随想などが載った。

・昭和11年10月号（6-10）は、（「慰安放送とその対象」5-10に続いて）慰安放送の大特集である。根本問題、指導性、大衆性について多くの頁が割かれた。陸軍大演習放送記など、軍の実態についての紹介も載った。同年11月号では資料集として「常用外国地名表」が掲載された。放送用語の整備の中で国際化への指向性がますます顕著になる[6]。

3．中期（昭和12年〜昭和15年）の日本語政策論の展開

　本章では昭和12年7月の盧溝橋事変勃発から昭和15年までの日本語関係記事を扱う。

　昭和12年1月号（7-1）は近衛文麿の年頭の辞「日独防共協定の国際的意義」から始まる。「日本文化と放送」の特集がなされ、日本精神、日本文化と放送について長谷川如是閑、海後宗臣などによる識者の議論

がある。言語面では「現代語の行方」（丸山林平）が載った。
・同年2月号（7-2）では「満洲の広告放送」（美濃谷善三郎）が特筆される。同年4月号は学校放送の特集、各教科の指導についての報告がなされた。オリンピックでの日本選手の活躍により、この頃聴取加入は三百万を突破した。「靖国神社の歌」決定も報道される。
・昭和12年7月7日、盧橋溝事件が勃発すると、7月号ではいちはやく「戦線から祖国へ〈陣中放送〉」（香月清司）、「北支事変と海外放送」（横山精）が載った。
・同年8月号（7-8）では**「支那の放送事情〈南支〉」**（河原猛夫）、「支那事変と協会の対策」（総務局計画部）が載った。
・同年9月号（7-9）も「支那の放送事情」として上海、南京の現況が報告される。北支事変はこの時期、支那事変と呼称されるとともに、ラジオ聴取加入者数は一段と進むことになった。「国家非常時の放送への注文」として葉書回答も載った。
・同年10月号（7-10）は「国民精神総動員」についての話題である。時局、国民精神、日本精神と日本文化、国民音楽の涵養が高揚される。
・同年11月号（7-11）はこれをうけて、「我が国策と海外放送」「日本文化宣揚と海外放送」のほか、**「支那事変をめぐる海外放送の反響」**（業務局国際課）が連載される。
・同年12月号（7-12）は「戦時宣伝の国家的意義と放送」（小山栄三）、「対外宣伝私観」（近衛文麿）、「擬音および伴奏効果上の一研究」（村瀬宜行）、「支那事変放送対処一覧」（業務局査閲課）などが載った（以後随時に連載）。
・翌年昭和13年から文化工作上の諸問題が議論され始める。1月号（8-1）ではまず、「文化事業の国家的機能性」（新明正造）、「支那文化工作と放送」（岡部長景）のほか、特集として**「ラジオは支那に何を与うべきか」**（宇野哲人、石橋湛山など２３名の識者による）、「放送抗日戦線」（園地与四松）が注目される。
・同年2月号（8-2）では**「我が国語政策の現在と将来」**（小倉進平）のほか、「最近朝鮮の放送事業」「最近台湾の放送事業」が載った。同年3月号では**「対支文化工作と支那語」**（竹田復）が載った。「聴取加入三百五十万突破と支那事変」も当時の関心を物語る。

・同年6月号（8-6）は「九州空襲と警報放送」、「徐州陥落」の特集である。同年7月号（8-7）では**「現下の国語問題と放送」**（石黒修）が載った。「ナチ独逸の放送事業」、「欧米放送技術の趨勢」、**「支那事変放送対処一覧（その二）」**（業務局査閲課）なども注目される。
・同年9月号（8-9）では「国民精神総動員の史的意義と理念」（小島威彦）、10月号（8-10）では「支那事変と"コドモの新聞"」（長谷耕作）が掲載された。
・同年11月号（8-11）では「新東亜の建設と国民の覚悟」（近衛文麿）、12月号では「日独文化協定の真義と放送」「国民精神作興の実践的意義」が掲載された。
・昭和14年1月号（9-1）では「東亜共同体の文化的意義と放送事業」（船山信一）、放送座談会**「国語と現代人の言葉」**（土岐善麿、保科孝一、谷川徹三、横光利一ら）、2月号（9-2）では「東亜新秩序建設の意義」（蠟山政道）が掲載された。
・同年3月号（9-3）では「放送用語と語感」（佐藤孝）、「戦線・ラジオ・銃後」（金丸重嶺）などが注目される。同年4月号では「対支文化工作」が大々的に報じられる。「対支文化」と講演、音楽、報道のありかた、さらに**「支那への文化工作と日本語」**（高倉テル）は大陸に進出した日本語について。「実習日本語講座の試み」も掲載された。
・同年5月号（9-5）では「放送を通じての日支親善」（周大文）、「列強の対外言語政策」、「各国の対外宣伝放送」、「列国の対外文化宣揚政策」が掲載された。同年6月号では**「日本語の大陸進出」**（著者 ）、「が行鼻濁音の本質と発音法則」（三宅武郎）が掲載された。
・同年7月号（9-7）では「南洋をめぐる各国の対外放送」（小野孝）が掲載された。同年9月号（9-9）では**「世界に於ける言語の分布系統」**（宇井英俊）、**「日本語の外地普及とその教科書」**（藤村作）、**「放送による対満支日本語普及の具体案」**（近藤壽治、石黒修、一谷清昭、竹田復）、**「国語改善と放送」**（中村寅市）、「外国人の日本語放送」（西海太郎）、が注目される。
・同年10月号（9-10）では特集**「標準日本語の理想的要件」**（佐久間鼎、東條操、石黒修、輿水実）同年12月号（9-12）では「戦線から職場へ」（門倉廣夫）が掲載された。

・昭和15年1月号（10-1）では葉書回答「現下の海外・満支へ何を放送すべきか？」が国民の声を反映する記事として紹介されたことは特筆すべきことであった。
・同年4月号（10-4）では「**日本語海外発展の組織化**」、同年6月号（10-6）では「東亜新秩序の世界的意義」（蠟山政道）、同年7月号では「新東亜建設と聴取者五百万の意義」にあるようにラジオ聴取加入者が事変を境に一段と進むようになった。「新東亜建設と放送」、「対支放送の方策」として朝鮮、台湾、満洲、対外放送の局面について放送事業が報告された。
・同年10月号（10-10）、11月号（10-11）では「**南洋の文化状態と列強の文化工作（上下）――蘭領印度、タイ、仏領印度、ビルマ**」が特筆される。

　この時期の最大の関心事は、中国大陸での戦線と銃後国民意識の統合化であった。とくに、「支那への文化工作と日本語」（高倉テル）「日本語の外地普及とその教科書」（藤村作）、「放送による対満支日本語普及の具体案」（近藤壽治、石黒修、一谷清昭、竹田復）などの報告は、一般雑誌においての情報浸透の意味を果たしたといえよう。大陸進出と日本語が日常的な関心事となった。

　一方で、次章でのべる後期の布石として、「世界に於ける言語の分布系統」（宇井英俊）「南洋の文化状態と列強の文化工作（上下）――蘭領印度、タイ、仏領印度、ビルマ」などの紹介も出始めるようになった[7]。

4．後期（昭和１６年～昭和１８年）の日本語政策論の展開と終息

　昭和16年になると、掲載記事はより時局的色彩を濃くしていった。以下、日本語論、日本文化政策論を対象に主要記事を拾っていくことにする。
・昭和16年1・2月号（11-1、11-2）には「東亜文化の基調」（小森会長）、「時局と対外ニュース放送」（森勝治）が載った。ラジオ体操の普及による「国民体育の再編成と放送」（栗本義彦）なども見られる。柳田國男が司会役となり「**放送座談会：現下の国語問題**」（岸田国士、

新村出など4名）は当時の国語の抱える問題を俯瞰したものである。「国語国字統一国策の確立へ」は、戦時情報を適切に伝えるための、いわばインフラ整備であった。各国の放送事情を伝える記事も多くなる。「日伊放送協定締結」、「東亜放送協議会台北会議」の紹介記事などである。海外放送を特化した「東亜放送」の概要紹介もこの頃から始まる。

連載記事〈放送海外踏査報告〉では、「外南洋」（穴沢忠平）、「北・中・南米」（佐藤泰一郎）、「近代の泰」（伊藤豊）などの紹介が始まる。とくに「近代の泰」は8回にわたってもっとも長く連載され、当時の友邦泰国に対する強い関心が見てとれる。

・同16年3月（11-3）号は地方文化の振興と放送の果す役割を扱っている。農村演劇、村芝居の放送などラジオを通して「国民芸術」の育成を政策化する動きが見られる。

・同16年4月号（11-4）は、前号の流れを受けて国民学校教育における学校放送という、放送事業の末端の機能の重大性について、教科書との連携を報じている。「ヨイコドモ」「ヨミカタ」「自然観察」「うたのほん」などが重視されたが、この「ヨミカタ」の精神は後に日本語教科書（国際学友会）の書名にも採用されていくのは興味深い。「少国民錬成」のための基幹としては、まず音感教育、聴覚訓練の要請があったことは注目してよい。本号には「海外進出の国語戦士養成」のコラム記事がある。日本語教師ではなく「国語戦士」と名付けたのは意味深い。

・同16年5月号（11-5）では「国家宣伝と放送」（小山栄三）、「**東亜の言語政策と放送**」（石黒修）が重要である。40頁にわたる詳細な記述は、日本がいかに放送による教育を重視していたかを知る手掛かりとなろう。中国との放送連繋については、「中放（中国放送）成立記念日支交歓放送」がなされるなど、「日華合作の強化へ」（林柏生）、「新秩序建設の楔」（小森七郎）の記事に注目したい。

・同16年6月号（11-6）ではとくに目立った記事はないが、「**国語国策と放送**」（倉野憲司）、「国民学校の国語指導と放送」（松田武夫）といったこれまでの基調を確認する記事、さらに放送用語、標準語の採定（新村出）などの啓蒙記事がある。さらに「**国語問題の国家的処理**」（倉野憲司）も重要である。「放送用語関係文献目録」の詳細は当時の

放送関係事情を知る貴重な資料であろう。

なお、前線から帰還した兵士の戦争体験をラジオは担うことになったことも留意しなければならない。「座談会：帰還将士に〈前線放送〉を訊く」「前線放送に憶う」（牧野英二）などのほか、「前線将士に何を送るべきか」（白根孝之）といった、慰問袋の勧めも国民の戦争参加に拍車をかけるものであった。

・同16年7月号（11-7）は「放送宣伝論」（山中利幸）のほか、「重慶政権の対外宣伝放送」（森勝治）、「東亜放送協議会第四回会議」の紹介などがある。

・同16年8月号（11-8）はふたたび「地方文化再建運動と放送」に関する特集が組まれた。ローカル放送に乗せる地方文化の作興は総力戦の一環であった。

・同9月号（11-9）、10月号（11-10）も国民時間の調査をはじめ、各地方局の「放送資材」を特集している。厚生音楽、教育音楽もその重要な項目となっていった。

昭和16年10月号(1-1)より誌名を『放送』から『放送研究』に改称した。「南洋紀行」（小尾範治）、「パラオ開局の記」（久保田公平）のような海外文化事情の紹介もなされるようになる。本号では「紀元二千六百年奉祝番組一覧」が掲載された（同年11月号、12月号に続篇）。

・同16年11月号（1-2）では「時局下の慰安放送を語る座談会」をはじめ、「慰安放送」についての三度目の特集である。なお、本号よりほぼ毎号にわたり、海外放送を特化した「東亜放送」の頁が取り上げられるようになる。「ラジオと戦線」（久保雄次郎）なども載せられた。

・同12月号（1-2）では「支那の旅思い出すまま」（島浦精二）の一方で、「爆撃放送」「対米英開戦臨時番組抄」は時局の緊迫を伝えた。日支事変を機にラジオ聴取者が激増したように、太平洋戦争は聴取加入者をさらに増加させると同時に、「大東亜戦争を電波に聞く」意義を一段と高揚させることとなった。

・翌年の昭和17年1月号（2-1）は戦時下における放送の性格がいよいよ問われることになり、「大東亜戦争と国際宣伝戦」（岩本清）、「大東亜戦争と海外放送」（澤田進之丞）などの記事、特集「決戦下放送番組への一提案」では15名の文化人の提言を載せたが、この中には松前重

義、信時潔、河上徹次郎の名も見える。「宣伝戦覚書」（和田邦友）では近代戦争の情報戦の意義について、さらにこれに関して**特殊外国語放送従事者の養成**」（佐藤良）の記事も見える。

　戦時初期の日本の連勝気運に乗って、「放送における反復の問題」が意図され、戦時放送宣伝の重要性が国民の涵養につながるとの意識が強化される。「戦時下集団聴取運動の展開」（岡嶋輝夫）のほか、「研究座談会：大東亜放送圏の建設を語る」では共栄圏確立の要諦としてのラジオ放送の意義が確認された。文化人らのアンケート「南方圏にどんな番組を送るべきか」では当時の対外文化事業の実状を探る上で具体的な資料となっている。また、蘭印の放送、対アメリカ外局の増設なども行われている。ラジオは海外における日本の戦局を伝える不可欠の媒体となっていった。

・同年3月号（2-3）ではさらに戦時放送の具体的な問題がとり上げられる。すなわち、心理的基調であるとか、地方番組の性格規定、講演、ニュース報道のありかた、東亜中継放送などである。同時に銃後の国民に対しては「愛国詩の朗読」（岩佐東一郎）といった記事も載った。「皇軍へ感謝：米俘虜の放送」「勝利日本へドイツ歓声」「電波の光被近き新生昭南島」「蘭印降伏の劇的放送」といった時局番組企画もあった。

・同年4月号（2-4）には「決死宣撫行」（常世田久吉）の報告が載った。戦時色がますます強まるなか、少国民放送、婦人・家庭放送のありかたにも変化が見られる。放送アナウンスの心理的側面や文藝放送の芸術性と娯楽性に関しても一定の圧力がかかっていく。

・同年5月号（2-5）にはさらに大東亜圏における放送の役割が強調され、「**大東亜放送政策の基調**」（内田繁隆）のほか、「**大東亜の言語政策と放送**」（長沼直兄）、「**南方圏の文化状態と米英蘭の文化政策**」（池田華）などの報告、特集として「**大東亜戦と東亜放送陣の活動**」が朝鮮、台湾、満洲、北支、中支の放送協会の実態が報告されているが、外南洋や内南洋への言及はない。やっと「サイゴン放送局」（高橋邦太郎）の報告がなされた程度であった。

・同年6月号（2-6）は「戦時放送番組の諸問題」のほかは、とくに際立った記事は見当たらないが、仏印、ジャワの放送紹介が見られた。

・同年7月号（2-7）では5月号の記事を敷衍して「大東亜戦争と放送企画」（崎山正毅）、「大東亜戦争と放送用語」（佐藤孝）のほか、4年遅れで、「支那事変勃発記念特集番組」、「**放送で住民の日本語教育**」の記事が注目される。
・同年8月号（2-8）では座談会が二件掲載された。「闘う前線録音」「愛国詩放送の展望」である。
・同年9月号（2-9）では「大東亜戦争と放送技術」（溝上肇）のほか、「北支放送建設五周年」（華北広播協会）、「旧蘭印の生活」（海田源之助）等の記事が注目される。「録音：前線と銃後を結ぶ」企画も進められた。「**ラジオ体操の仏印進出**」とあるが、諸地域でラジオ体操がどのように普及されたかも興味深い関心事である。
・同年10月号（2-10）では「長期戦と海外放送」「放送による国語教育の建設」という内外の問題を並行的に掲載した。「満洲建国記念番組」は建国十周年を記念しての企画であった。
・同年12月号（2-12）では「開戦一ヶ年の放送」（関正雄）を振り返り、講演、教養、演芸、音楽などのジャンル、さらに「東亜中継放送」についての報告があった。同時に敵国の放送陣についての分析も見られた。

　昭和18年に入ると1月号（3-1）に「**放送による国語教育の建設**」の続編が掲載された。同年2月号（3-2）では聴取指導、国民皆聴についての啓蒙記事が見られた。同年3月号（3-3）では「座談会：南方演芸慰問行」が掲載され、マレー、ビルマ、昭南での報告がなされた。
・同年4月号（3-4）では「米英文化との戦い」と題する論調、また「南方放送一巡記」（森勝治）などの記事が掲載された。同年5月号（3-5）では「放送に依る時代育成」、同年6月号（3-6）では「決戦と放送」「決戦への東亜放送」が掲載された。ラジオによる「国民的場」の形成がますます重要視された。同年7（3-7）、8月号（3-8）では「座談会：戦争下の放送文化（上下）」のほか、「**大東亜の言語（上下）**」（宇井英俊）が注目される。9月号（3-9）では「特集：決戦下の海外放送」、同年10月号（3-10）ではさらに決戦下の国内思想宣伝と放送のほか、「陣中新聞と陣中放送」（石原裕光）と題して、前線将士への慰問記事、放送についての記事が最後となった。同年11月号（3-11）では「特

集：決戦下の婦人と放送」のほか、「南太平洋従軍報告」（石原裕光）が注目される。同年12月号（3-12）では「特集：開戦第二年の放送」のほか、「南太平洋従軍報告：俘虜の話」（石原裕光）、さらに戦意高揚のための「戦力増強に資する放送文藝募集」が載った[8]。

以上、いささか羅列的ではあるが、南方諸地域に対する日本言語文化政策の高揚期であった昭和18年前後までを見てきた。

5．おわりに

以上みて来た記事の内容には、およそ四つの特徴が看取される。
(1) 日本精神・日本文化の高揚と放送事業の役割
(2) 慰安放送の形態と目的、その内容
(3) 国民の国語涵養について：国語生活、国語問題関連
(4) 対外（対支から南方へ）文化放送事業としての日本語普及政策、言語政策関連

(1)については、戦時体制下、思想戦・心理戦・神経戦を担う母体としての放送の機能として、発信すべき第一の要目として意識化された。(2)は時事報道とあいまって国民に提供する生活・娯楽番組の大枠が示された。(3)では放送技術の進展によって標準語、正しい且つきれいな日本語が一段と強調されるようになる。放送用語、標準語、アクセントについても音響学の発達によって議論が進んでいった。これはさらに(4)に見られる東亜語、共栄圏語としての日本語盟主論の基層をなしていく。(4)では日中戦争が勃発すると、宣撫工作としての日本文化、日本語普及策が展開され、放送事業でもまた、日本語教育政策の一環として教科書教材の編集動向も勘案された。昭和17年以降になると、南方の教育文化に配慮した政策へと伸長していく。本調査によって、(3), (4)の関連記事の比重の大きさが明らかになった。改めて放送事業における日本言語文化政策の重要性が指摘されよう。

紀元2600年および放送開始15周年を記念して、昭和15年日本放送協会総務部普及課ではラジオの使命を昂揚させるためにラジオが戦時下国家国民生活のあらゆる領域に、いかに活躍しているかという趣旨で「ラ

ジオの歌」の歌詞を懸賞募集した。3700編を通観すると「東亜新秩序建設に於けるラジオの重大使命」を強調したものが殆どであった。入選作は西元静男の作（本稿冒頭）ともう一つは次の榎並仙峰の作であった。審査決定にあたっては「ラジオの歌の恒久性に鑑み、あまり時局的なものは避けて日々愛唱してラジオの威力を獲得し、かつ十分に国民生活の進軍譜たりうるに足るものという点」に主眼を置いたというものの、「八紘一宇」「興亜」「東亜建設」の文言は明確に挿入された。

　　（四）八紘一宇日の本の　国の気迫を奏でつつ
　　　　　栄えて東亜の大空に　建設の声呼び交わす
　　　　　ラジオの使命　また新た
　　　　　　　　　　　　（榎並仙峰「ラジオの歌」入選作より）

　電波が内外に大志を届ける使命を高らかに謳っている。国防、希望、文化の栄えを時局とともに"時の潮"のごとく響かせた時代があったことを、あらためて想起する。異国の地に日本語放送が伝わる喜び、科学日本の威信がここにはみなぎっている[9]。

　戦時下における日本の対外文化事業の展開にラジオ放送の果した役割を検証するのが本研究の目的であったが、これはまた放送が戦争に加担した負の遺産でもあった。多文化主義、国民統合、多言語放送、放送文化政策の原初的形態がうかがわれる。メディアが大衆、聴取者に何を伝えるかは、時代こそ異なれ本質的な問題であることは論をまたない。今回、資料の面では昭和19年、20年の雑誌を見ることはできなかったため、「終息」状況についてはいずれ修訂する必要がある。また、同時期に出版された放送、メディア関係の雑誌記事もあわせてみていく必要がある。慰安放送、海外での放送事情など、不鮮明な点は数多くあるが、時間的な制約もあり、本稿では主として日本語普及策の面から、主たる記事の概要を追った。今後の課題としては戦間期におけるラジオメディアがいかに日本語進出、日本文化進出に影響を与えたか、その地域性、たとえば満洲国などの外地と日本国内での動向、実態の比較調査検討である[10]。

【附記】本稿は「戦時体制下・帝国日本における国語・日本語政策論の形成—満洲国・中国大陸・大東亜共栄圏建設の肢脚—」研究の一部をなすもので、日本植民地教育史研究例会（2013/6/22）で発表した内容を修訂した。
　なお、英文題目については大東文化大学外国語学部英語学科北林光教授の校閲を得た。記してお礼を申し上げる。

【註】
1　「戦争とラジオ」に関しては、最近次のテレビ放送があった。
　・NHK・ETV 特集　2009/8/16「戦争とラジオ」第一回「放送は国民に何を伝えたのか」同上、2009/8/26 同上　第二回「日米電波戦争—国際放送は何を伝えたのか—」
　・BS 朝日　2013/2/16「戦いが聴こえた—ラジオが伝えた太平洋戦争—」
　当時の多くの国民にとって、戦争はラジオに始まり、ラジオに終わった（坂本 2008）。
2　早稲田大学中央図書館は昭和 3 年 11 月号から昭和 18 年 6 月号迄を所蔵している。今回、時間的制約もあり、敗戦までの巻数を精査することができなかった。後日、補充検討を行う予定である（全巻は早稲田大学演劇博物館所蔵）。なお、竹下（2005）の第三章には『放送』についての比較的詳しい考察がある。
3　戦時下における放送メディアについての先行研究では竹下の一連の研究、上田崇仁の語学ラジオ講座の果たした役割、また近年では川島他（2008）などの研究が見られるが、日本語論の展開にどう関わったかという視点からの考察は未整理のままである。
4　竹下（2002）p.7 などを参照。
5　昭和 16 年当時。『昭和 16 年ラジオ年鑑』（日本放送協会）の広告より。
6　このほかこの時期にはラジオ、放送と日本語についての記事は以下の刊行物に見られる。
　・金田一京助「ラジオと標準語」『言語研究』4-2（1933.11）
　・佐久間鼎「ラヂオと国語問題」『教育』4-12（1936.12）　pp.27-38
　この号には以下の記事が掲載された。城戸幡太郎「児童文化と放送教育」、吉本明光「ラヂオの機能と制度」、学校教育とラヂオ、社会生活とラヂオ、家庭生活とラヂオ、工場とラヂオ、ラヂオと農村生活、ラヂオの普及性と普及方法、など。
　なお、『宣撫月報』には満洲国、中国大陸に関する放送事業の様相が掲載されている。
　「満洲国に於ける放送事業」（無記名）2-6（1937.6）　pp.39-58
　4-8（1939-9-15）は放送特集号。総頁 392 頁、以下の記事を掲載。定期放送「政策の時間及び国民の時間」放送開始記念写真、放送の理想及び現実、「ラヂオの原理」（秋田稲）、「ラジオの受信から放送まで」（河野政治）「国家と放送——ラジオ普及の国家的必要」（宮本吉夫）、「東亜新体制と満洲の放送」（杉山勲）、「満洲の放送に対する要望」（岸本俊治）、「ラヂオを聴くことと聴かすこと——満洲放送文化政策の基調要件を中心として」（金沢覚太郎）、「満洲放送事業の現状に就いて」（前田直造）など、満洲に関する記事が 6 本、「対支文化政策と報道放送」（村田孜朗）などの報告がある。また随筆として作

家島木健作「満洲の旅から還って」がある。当時の放送事業を知る貴重な一次史料である。このほか、『宣撫月報』には次の関連記事がある。
・「満洲国に於ける放送事業」2-6（1937-6）　pp.39-58
・「日本文化の海外進出」（後藤末雄）3-5（1938.5）　pp.135-145
・「東洋放送聯盟の結成を望む」（坂根春雄）3-12（1938.12）　pp.68-74
・「ラジオの文化的使命」（金沢覚太郎）5-1（1940-1）　pp.31-37
・「放送と新聞と民衆」（弘報処宣化第二班）5-2（1940.2）　pp.82-90

『宣撫月報』は宣伝戦の最前線＝「満洲国」で内部資料として発行されていたプロパガンダ誌。戦時宣伝活動の具体的状況を知る重要資料。1936年7月、満洲国の中央宣撫小委員会から発行され、満洲国の宣伝担当職員に配布された無料の政府刊行物。非売品であったため、政府内部の活動や本音の話題等がかなり率直に掲載され、各地方からの宣撫・公報実績報告等の宣伝資料の類が充実している点に資料的価値がある。発刊当初は少数の編集部員が執筆していたが、号を重ねるごとに満洲国政府やメディア関係者、さらには本土の論客などが寄稿するようになった。『宣撫月報』は、満洲国の情報担当者が作成したものであり、特にナチスドイツの"情報戦"の研究成果を参考にした記事が随所に見られる。

不二出版では現在国内において入手可能な原本を4面付にて編集復刻した。

7) このほかこの時期にはラジオ、放送と日本語についての記事が以下の刊行物に見られる。
・「放送日本語」（望月百合子）『文藝』1937.5
・「ラジオと国語尊重」（神保格）『学校放送』1938.1
・「文化とラジオ」（西本三十二）『教育』6-10　1938.10
・「ラジオと国語問題」（石黒修）『書窓』1939.2　後に同『日本語の問題　国語と国語教育』（1940.12 修文館）に収録。
・「ラヂオと標準語」（小尾範治）国語教育学会編『標準語と国語教育』岩波書店 1940

8) このほかこの時期にはラジオ、放送と日本語についての記事は以下の刊行物に見られる。
・「共栄圏文化工作の目標」（幣原坦）『東洋経済新報』1942.2.28
・「大東亜文化戦線とラジオ」（澤田進之丞）『教育』10-4　1942.4　pp.9-16

9) 社団法人日本放送協会から『ラジオ年鑑』が毎年出版されたこともラジオ、放送の重要性を象徴している。以下は参照したもののみあげる。
・『昭和15年ラジオ年鑑』1940.1　本文488頁
全国放送局分布図、世界主要放送局分布図、54葉の口絵写真
特集：日本の放送事業、東亜新秩序の建設と放送、対外放送の躍進
・『昭和16年ラジオ年鑑』1940.12　本文602頁
「東亜放送局分布図」1940.10現在、「南方亜細亜放送局分布図」1940.10現在
「世界に示す科学文化」「光は東亜より」など68葉の口絵写真
特集：時局と放送事業、紀元二千六百年奉祝放送、最近の我が放送事業
・『昭和17年ラジオ年鑑』1941.12　本文551頁
「営まれ行く大東亜の歴史」「興亜の雄叫び」「文化に深し三国の交わり」など30葉の口絵写真、特集：戦争と放送（第二次世界大戦と放送、総力戦

における放送、戦争と放送、放送の国家的管理、仏の敗因と放送の重要性、放送宣伝による作戦の展開、占領地タイにおける放送工作、宣伝中隊放送班の活動、我が国の放送）
・『昭和18年ラジオ年鑑』1943.1　本文368頁
　49葉の口絵写真、特集：「大東亜戦争と放送　対外放送」など。
10）戦間期におけるラジオの役割については近年、近藤（2013）、竹山（2013）などの成果が注目される。当時の諸雑誌におけるラジオ関連の資料の調査が俟たれる。

【参考文献】
秋田喜三郎「日本語意識の高揚」『日本教育』1942.7
川島真「『帝国』とラジオ——満洲国において『政治を生活すること』——」
山本武利他編『「帝国」日本の学知　第四巻メディアのなかの「帝国」』岩波講座　2006
川島真他『戦争・ラジオ・記憶』勉誠出版, 2007
北山節郎『ピーストーク　日米電波戦争』ゆまに書房　1996
近藤冨枝『大本営発表のマイク』河出書房新社　2013
坂本慎一『ラジオの戦争責任』ＰＨＰ新書　2008
清水亮太郎「多声性の空間——満洲国における支配性の展開」『早稲田公法政治研究』96号
竹山昭子『戦争と放送　史料が語る戦時下情報操作とプロパガンダ』社会思想社 1994
竹山昭子『ラジオの時代　ラジオは茶の間の主役だった』世界思想社　2002
竹山昭子『史料が語る太平洋戦争下の放送』世界思想社　2005
竹山昭子『太平洋戦争下その時ラジオは』朝日新聞出版　2013
田中寛2003「『東亜新秩序建設』と『日本語の大陸進出』」『植民地教育史研究年報』5号　皓星社
馬淵逸雄『報道戦線』改造社　1941.8（第三文化篇・第六章「戦争と放送」第三節「支那事変と放送」など収録）
『満州放送年鑑』昭和14年版、昭和15年版　満州電信電話株式会社　（復刻版　緑陰書房　1997年）
安田敏朗『近代日本言語史再考　帝国化する「日本語」と「言語問題」』三元社　2000
山中恒「大東亜共栄圏語」『現代詩手帖』1976-6　思潮社 p.133-138
山本武利「満洲における日本のラジオ戦略」『インテリジェンス』(4) 早稲田大学20世紀メディア研究所 2004

Ⅲ．研究資料

日本統治下朝鮮における学校経験
―― 永井昭三氏の場合 ――

佐藤由美＊

1. はじめに

　本研究資料は、日本統治下の朝鮮で生まれ育った日本人の学校経験を記録したものである。今回、インタビュー調査に応じていただいた永井昭三氏は1928（昭和3）年に忠清南道の瑞山で生まれ、小学校から師範学校までを朝鮮で過ごした。父親の永井美徳氏は広島県出身の教員であったが、縁あって朝鮮半島に渡り、日本人小学校や朝鮮人普通学校の校長を歴任[1]した。永井氏とその兄弟は、父親の赴任先によっては日本人小学校に通い、近隣に小学校のない時は朝鮮人の子どもたちと一緒に普通学校で学んだ。小学校を終えると、永井氏は京城師範学校予科に入学する。本科1年のときに敗戦となり、一家は父親の故郷である広島に戻った。永井氏は戦後、広島の師範学校に入学し直すことになるが、学校生活の大半を朝鮮で経験したことになる。なかでも朝鮮の子どもたちに混ざって普通学校で学んだ経験や京城師範学校の受験の様子などは貴重な記録となろう。

　永井昭三氏へのインタビューは2012年8月10日、午後1時30分から4時30分まで、東京都内の永井氏宅で行われた。その後、インタビューのテープ起こしを行い、2万字を超えるインタビュー記録の確認作業を手紙や電話で行い内容を確認した。以下に掲載する資料は、その一部を紙幅の許す範囲で抽出し紹介するものである。インタビュー記録をベースにして、永井氏の言葉や表現をできるだけ活かすことに努めているが、筆者が加工・編集したものであることを予めお断りしておきたい。

＊埼玉工業大学

2．永井昭三氏の学校経験 ―インタビュー記録より―

　永井昭三氏の父親、永井美徳氏は1922（大正11）年に朝鮮に渡った。広島の師範学校を卒業して同地で教頭をしていたが、知り合いの勧めで忠清南道の青陽に校長として赴任した。その後、瑞山、大川（青蘿）、公州、扶余、内板と移動し、敗戦で日本に引き揚げた。年齢でいうと24歳から47歳までの23年間を朝鮮で過ごしたことになる。朝鮮に渡る際に結婚し12人の子どもを儲けたが、無事に成長できたのは9人で永井昭三氏はそのうちの四男だった。永井氏は数えの7歳で父親が校長を務める青蘿公立普通学校に入学、父親の転勤で公州の日本人小学校、扶余の日本人小学校に転校、卒業時に京城師範学校を受験して合格した。

父親の渡鮮：父は広島の師範学校を出まして、日本では教頭をやっていたんです。ところが向こうに行って郵便局長をやっていた人が町にいまして、その人が朝鮮に来ないかと言って誘ってくれたんですね。あの頃はちょうど景気が悪い時代で、銀行が潰れたりした時代なものですから、おそらく家族を助けようという気持ちも少しはあったんだろうと思います。弟たちを学校に入れなくちゃいけない、向こうに行くと俸給に6割[2]が付くんですよ。6割付くからその分を学費として弟たちに送って大学に行かせてやろうとそういう気持ちがあったんだろうと思うんです。それで引き受けて向こうに行きまして、向こうに行ったらすぐに青陽の小学校の校長をやりまして、それからずっと校長生活を向こうで、24歳で行って47歳で帰ってきたんですから、長いことやっていました。

青蘿公立普通学校：青蘿というところに私は4年間いたんです。その青蘿という学校は朝鮮人中心の学校なんです。日本人の学校はない町だったんですね。そこの朝鮮人学校の校長を父親がやったもんだから、私は父親の学校に行って現地人と一緒に4年間生活したんです。日本人は警察の署長さんと鉱山関係の人がいましたが、子どもはいなかったんじゃないですかね。それから日本人の先生が何人かいましたね。日本人で青蘿の学校に通っていたのは、私と兄と妹だけです。良かったのは、向こ

うは先生をとても大事にする国なんです。ですから、校長先生の子どもということで特別に大事にしてくれるんですよ。そこで迫害を受けたりというのは全くありませんでした。私は早生まれ（1月22日）で入っていますから、しかも年齢が数えの7歳で入って、3つか4つ年上の人が同級生なんですよ。お姉さんお兄さんたちと一緒ですから、遠足っていうとおんぶして山に登ってくれるんです。私の家は学校の敷地内の校長官舎ですから、始業の鐘が鳴ってから飛んで行っても間に合う、そういう所で生活しているでしょ。それでなくても足が弱い上に遠足っていうとみんなが代わり代わりにおんぶしてくれるもんだから足が弱くなりました。あの当時はまだ義務教育じゃなかったですね。それでしばらくして国民学校になる頃からかな、義務教育になったんです。[3]

朝鮮人の友達：青蘿の学校は、学年は1クラスが主だったかな。大きな学校じゃなくて、横にずっと長い校舎でしたけどね。友達は随分遠くから来ているんですよ。あの当時ですから歩きしかないんですよ。自転車も使えませんしね。相当に遠くから歩いて来ているんですが、後ろは田んぼと山ですから、ハリネズミを捕まえて持ってきてくれたり、フクロウを捕まえて持ってきてくれたりするんですよ。すぐ捕まるらしくて、私なんか自分の家の周りで全然見たこともないようなものをどんどん持ってきてくれるんです。桜の木が門の脇にありましてね、そこにフクロウを止めておいてそこで飼いました。朝鮮人と生活していると言葉が向こうの言葉になっちゃうんです。家に帰ると日本人的な会話をしますが、学校に行くと向こうの人たちと同じような会話をするでしょ。公州の小学校に5年生のときに転校したんですが、その時に私は「ウンコ」と言わず、「大便（タイベン）」って言ったものですから、おかしいって笑われたんです。日本人の友達と話す時には家でしゃべる言葉でしゃべらないといけないんだなってことをその時わかりました。

生産教育：官舎を出たすぐのところには学校の牛小屋だとか、豚小屋とか鶏小屋だとかがありました。青蘿の学校では生産教育をやっていましたね。硯を作る製硯舎という小屋がありましてそこで硯を作ったり、それから叭（かます）だとか、蚕を飼う蔟（まぶし）っていうのがありますが、繭を作るときに

使う蓑、そういうものを作ったり、縄を綯ったり、草履を作ったりする建物が別にありましたね。あの頃は「自力更生」といって、自分で生活できるような力を付ける、力を育てるといいますか、そういう自力更生の教育を盛んにやったようですね。また休み時間だとか放課後の時間というのは、学校にある跳び箱だとかマットだとかそういうものを持ち出してはどんどん遊んでいました。学校の周りには大きな桑の木がずっと巡らされていましてね、暇があると桑の実を採ってきて食べたりしていましたが、家に帰ると口が紫色になっているのを見つけられて、「おできができるよ」といって母親にはよく注意されました。それから学校の近くに川がありましてね、その川のある部分に非常に深い所があって、そこにみんなで泳ぎに行くんです。そういう野生的な生活ができました。

朝鮮人の暮らし：私は朝鮮の田舎の人の生活は家の中までよく知っていますよ。家のそばに友達の家があって遊びに行きますとね、部屋が2つくらいしかないんですよね。全部オンドルなんです。下から熱を加えて床を温めるオンドルのある部屋が2つくらいあるのが普通で、それに牛小屋があったり豚小屋があったり、そういう状態だったですね。それから民家に行くと台所に大きな鉄釜があってご飯を炊くんですね。ご飯を炊いた後、上のほうを取ってしまったらあと底に残りますね。それに熱を加えておこげにしちゃうんです。おこげにしたのを包丁のようなものでこそぎ取るとおこげのお煎餅ができちゃうんですね。それを向こうの人たちは巻き固めて新聞紙に包んで、さらにタオルみたいなものに包んで腰にぶら下げて弁当で持ってくるんです。おこげのことをヌルンゲと言うんです。それをお昼になるとポリポリポリポリ食べているんですね。弁当代わりに。田舎の方は暮らしが豊かじゃなかったんでしょうね。都会と違って、農業しか仕事がないですからね。

両班(ヤンバン)の家：私の学校の近くに両班(ヤンバン)の家があってよく呼ばれて行きました。全部平屋ですが、広い家でした。家が建っている所が1段高いんです。その家の前の1段下の所はずっと広い花畑なんです。ダリアやボタンなどの花をずっと植えてあるんです。金持ちの家はそういう生活をしていましたね。そして周りがずっと土塀で囲んでありましてね。父親は

朝鮮語ができないんです。ですから両班の家に行く時には私が通訳としてよくついて行きました。友達がいるっていうこともありますけどね。あの当時、朝鮮の年配の人たちは日本語のできない人は多かったですよね。だから向こうの言葉でしゃべるんだけど、ときどき父親が「何て言った」って聞くもんですから、ちょっと通訳するっていう。私は向こうではペラペラしゃべっていたもんですから、朝鮮の子供と接していますんでね。

京城師範の受験：京城師範に入る前は忠清南道の扶余の日本人小学校にいました。この学校は尋常高等小学校といって、1・2・3・4年で1クラス、5・6年・高等科1・2年で1クラスの全校生徒50名足らずの単級の学校でした。一方、朝鮮人の学校は大きくて1,000名くらいいたかな。父親はそこの校長をしていたわけです。扶余に行く以前は公州という所の日本人学校にいましたが、私の一級先輩の人で、生徒会長をしていた優秀な方が京城師範に入られました。「よし、受験するんだったらあの先輩の入った学校に行こう」と、このことが、私が師範学校を受験する動機となったのです。父親が教師だからではありません。あの当時はですね、中学校へは全員が行きませんでしたが、日本人学校は殆ど全員が進学ですね。それで受験勉強は皆学校でやっていました。高等科も我々と一緒に受験するわけですよ。高等科用の問題が出るわけじゃないんです。小学校6年卒の問題が出るわけです。倍率は高かったですね。初めの頃は10倍か20倍くらいだったでしょうか。我々の時には6倍くらいでした。中学校は3月の12日前後に試験があるのだけれども、師範学校は他の学校よりひと月早く、2月中にやるんですね。私の時も2月の12日、13日、14日と3日間ありました。実技は投てき、物を投げたり走ったり跳んだりですね。そういうのを全部やりました。後は筆記試験と面接試験が1日ずつあるんです。面接試験はたくさんの部屋がありましてね、国語的な力を見る、歴史的な力を見る、地理的な力を見るというように、部屋が違うんですよ。生物的なものもあるんですよね。今覚えているのは理科的なもので、これは考える力を見るんでしょうね。例えば「ここに塩と砂糖があるけれども、これをどういうふうにして見分けるか」っていう質問が出るんですよ。ある者は目で見て見分けると答えたし、舐め

てみればいいって言う者もいるし、その機転を見るんでしょうね。そういう面接の部屋がずっとありましてね。合格発表は3月1日でした。電報だったと思います。京城師範がダメだったら大田中学を受けるつもりで受験勉強をしていたのですが、電話がかかったのに応じて教室を出て行かれた先生がニコニコしながら戻ってくるなり「昭三くんおめでとう。もう今日から受験勉強は必要ないから帰って大いに遊べ」と言われました。それから毎日山歩きをしました。そういう時代でしたね。

京城師範学校の教育：京城師範学校は官立ですから私費生と官費生がありましてどちらかを選んで受験したわけです。官費生の場合は学費を全部支給してくれます。洋服から靴から修学旅行のリュックサックまで全部支給してくれるのです。寮費もその中から補てんできたんじゃないですかね。だから家からは当時のお金でお小遣いを5円送ってもらうだけで生活できたんです。ありがたい所でしたね。兄弟中で京城師範に行ったのは私だけです。全鮮から選りすぐられたエリートの集まる学校でした。京城師範の校訓は「大愛至醇」ですから、みんな仲良しでした。太陽の明るい光、暖かい光を浴びながら思う存分伸びていこうという考えなんです。ですから日本人であろうが朝鮮人であろうがそういう「大愛至醇」の精神の中で「師魂」を身に付けていこうというのが教育の中心にあったわけです。学校のなかで差別的なことは我々の中ではなかったですね。ただ、日本からたまにポッと来た先生の中に「朝鮮人のクセに」っていうことを時々言う先生がいましたが、我々は反発しましたね。どうしてああいう事を言うんだろうかということですね。最初の赤木萬二郎という校長は今の「大愛至醇」[4]の精神で「師魂」を育てるっていう校訓で教育を始めましたし、2代目の渡邊信治という校長は「有用」の教育、世の中に出て役に立つ人間はまず体を鍛えなくちゃならない、体を鍛えて精神を鍛えていくという考えで継いでいかれました。京城師範には自由主義教育の考え方がありましたね。演習堂のステージがありましてね、右のほうに大きなペスタロッチの額が飾ってありました。ペスタロッチの考え方で教育をしようという、これは赤木先生のお考えでしょうね。[5]

京城師範の寮生活：寮は自治寮ですから各部屋に15人くらいの室員が

いて、それに1年の部屋には5年生の室長が1人、4年生の副室長が1人、必ず付くわけですね。寮は南寮、中寮、北寮と3つあって、南寮の寮生長っていうのがいたんです。全体を統括する役です。南寮には1年生、2年生が中心に入っていて、中寮には3、4、5年生が入っている。北寮には本科生が入っていたわけです。あの頃の上級生と下級生の関係は軍隊と同じですから、1、2年の頃、中寮の上級生から呼ばれるんですよ。「南寮〇室」って呼ばれると誰か気がついたのが飛び出していかないと、後でみんな呼ばれて説教されますからね。南寮〇室が呼ばれると出ていって「はいっ」って言うと、「3名来い」とか「2名来い」とか言われます。行くと何をされるかというと、食器洗いをさせられたり洗濯をさせられたりしました。自習時間が7時から9時まであったんですね。9時の点呼が終わると自由時間になるわけです。そうすると呼び出しがかかるんです。呼ばれて行きますとね、「足揉め」とか「肩揉め」とかそういう仕事に変わるんです。だから私は按摩が上手ですよ。ラグビー部の人の足なんか大変なもんでした。硬くて。筋肉が発達していますから硬くなっていましてね。1年、2年の時にはウンと鍛えられましたね。

勤労動員：戦争中は一般の授業がなくなることがありました。いわゆる動員で授業をなしにして貯炭場（石炭を集積している場所）に行き、貨車から石炭を降ろす作業をさせられましてね。私の学校は卒業したら学校の教員をするかたわら、その地域の青年団の教育をしなくちゃいけなかったり、農村指導をしなくちゃいけないっていうこともありましたので、1週間のうちの月曜日は必ず農業実習の日があったんです。学校に農場がありましてね。そこには1人1人個人持ちの鍬だとかショベルだとか、鍬も三又の鍬や、平鍬と言って、平らな鍬がありましたし、鎌などまで、1人1人に全部決まったものがあったんですよ。個人のものが。どこへ行けば自分のものがあるってことはちゃんとわかるようになっていましてね。こういう物は自分で買ったわけじゃなくて国がみんな備え付けてくれたわけです。その地域の農村指導をしたり、それから青年団の指導なんかもやっていたようですね。私は父親の学校にいたことがあるので、だいたいこんなことをやるんだなっていうことはわかっていました。他の人はわからなかったでしょうね。

引き揚げ：扶余というのは百済の都で向こうでは大事にされた町なんですね。当時、日本人もたくさんいましたが、朝鮮の人の徴兵検査を私の父の学校でやったんです。その夜、付け火をされましてね。徴兵検査をされることに対する何か不満でもあったんでしょうね。学校が全焼したんです。それで父親は、そこで校長を辞めて日本に帰るつもりにしていたところ、戦時下でみんながどんどん兵隊として戦陣にかり出されるので、教員が足りなかったこともあってか辞めないで何とか残ってくれと言われたようです。残務整理をして、9月に内板という所の学校へ変わったんです。その内板という所は鉄道の沿線なんです。京釜線という京城と釜山の間を走る、所謂向こうの大動脈の鉄道ですね。そこの沿線にありましたので終戦の時には引き揚げてくるのに非常に助かったわけですね。これも私は神様のお恵みと今から考えると思うんですけどね。「お前、帰る時に都合が良いよ」と。後から考えてみるとそういうことになるんですが。

　戦後、広島に帰郷してすぐに師範学校に入ろうと思って11月だったかに行きましたら、もう定員がいっぱいだと言われました。だから来年度の入学試験を受けて入ってくれと。そこでまた入学試験を受けましてね。ですから広島師範学校は転入学じゃないんですよ。これは仕方がないなと思いましたけどね。

【年表】

1928.1.22	朝鮮半島忠清南道の瑞山に池田昭三として生まれる。12人兄弟の四男。
1935.4	忠清南道の青蘿公立普通学校（小学校）に入学。4年生まで過ごす。
1939.4	忠清南道の公州公立尋常高等小学校に転校。
1940.4	忠清南道の扶余公立尋常高等小学校に転校。1941年3月卒業。
1941.4	官立京城師範学校（8年制）普通科に入学。寄宿舎桐花寮で集団生活。
1945.8	終戦により学校閉鎖。同年、両親の出身地、広島県三原市に

	引き揚げる。
1946.4	広島県立師範学校本科に入学。生物学を専攻。
1949.3	同校を永井昭三（父方の姓に改姓）として卒業する。
1949.4	広島文理科大学植物学教室（堀川芳雄教授）の副手として勤務。翌3月退職。
1950.4	広島県三原市立三原小学校の理科専科教諭として勤務。特殊教育の推進委員を兼務。1954年3月退職。
1954.4	東京の私立宝仙学園小学校に勤務。小学校創設期の教育経営に尽力。1959年3月に退職するまでの間、理科教科書の編纂（学校図書株式会社）、文部省の教材等調査研究委員、理科教育に関する著作活動（講談社、ポプラ社）、空気の対流実験器の開発、理科教育ワークブックの編集などを行う。
1959.4	東京都北区立滝野川第四小学校に教諭として勤務。学級担任の傍ら、理科教育研究推進委員長として研究に従事。同校は学研より教育賞を授与される。1962年3月退職。
1962.4	東京の私立田園調布雙葉小学校の理科専科教諭として勤務。研究部長として学園の研究推進に尽力。理科室経営と野草園づくりに励む。1988年退職。
1988.4	私立田園調布雙葉小学校嘱託。1993年3月まで。
1993.5	公益財団法人日本科学技術振興財団科学技術館嘱託。石油化学の素材を使った実験を演示。現在は、科学技術館友の会活動として、北の丸（東京都千代田区）の自然を利用した草木の観察会を行い、子どもたちの草木への関心を広げ自然への接し方を培いながら科学的な知識の啓培に努める傍ら、月に1回、科学技術館のメールマガジンで草木に関する情報を発信している。
2000.4	私立田園調布雙葉小学校講師。2002年3月まで勤務。その後も月に1度、野草園の整備活動を続け現在に至る。2014年2月現在、86歳。

京城師範学校桐花寮　南寮五室員一同（昭和17年）

忠清南道扶余尋常小学校6年（昭和16年1月）

【註】
1 『朝鮮総督府及所属官署職員録』各年版によれば、永井美徳氏の赴任先は以下の通りである。
　　大正12～大正14（1923～25）年度　青陽尋常小学校
　　大正15～昭和5（1926～30）年度　瑞山尋常高等小学校
　　昭和6～7（1931～32）年度　儒城普通学校
　　昭和8（1933）年度　新平普通学校
　　昭和9～昭和13（1934～38）年度　青蘿普通学校→青蘿尋常小学校
　　昭和14（1939）年度　公州常盤尋常高等小学校

昭和15～18（1940～43）年度　扶余扶蘇尋常小学校→扶余扶蘇国民学校
最初に赴任した青陽尋常小学校は学校長1名だけの日本人小学校だった。転任先の瑞山尋常高等小学校も同様に日本人小学校であるが教員は3名いた。なお、永井美徳氏は昭和2年度から妻の家の池田姓を名乗るようになった。瑞山生まれの永井昭三氏も朝鮮では池田姓であった。昭和6年度には初めて朝鮮人の子どもたちの通う普通学校の校長となった。儒城普通学校は学校長の池田美徳氏以外、5名が朝鮮人教員だった。新平普通学校を経て、青蘿普通学校には5年間勤務する。同校は勅令第103号（第3次）「朝鮮教育令」で普通学校の名称から小学校に統一される。昭和14年度は1年だけ日本人の通う公州常盤尋常高等小学校に勤務するも、昭和15年度からは再び朝鮮人の通う扶余扶蘇尋常高等小学校に勤務した。同校は昭和16年の「国民学校令」に伴う朝鮮教育令改正で国民学校となった。同職員録の昭和18年版まで池田美徳氏の在職を確認することができる。本文中にあるように昭和19年9月から引き揚げまでは内板国民学校に勤務されたようである。

2　日本人教員の加俸給については、明治43（1910）年3月26日の勅令第137号「台湾満韓及樺太在勤文官加俸令」（同年9月29日勅令第384号同令改正）第2条を根拠とする。

3　実際には朝鮮で義務教育は実施されていない。しかし、かつて在日コリアン一世の李仁夏氏にインタビューを行った際にも同様の発言があった。李省展・佐藤由美「在日コリアン一世の学校経験－李仁夏氏の場合－」（『植民地教育史研究会のこれから』植民地教育史研究年報第10号, 2008年3月所収。pp.58～73）のp.61に「しばらくして、小学校6年の時、義務教育になって全員入ったけれど。」とある。李仁夏氏は1938年4月に小学校6年に進級している。この年は第3次朝鮮教育令の公布で普通学校の名称が小学校に統一した年に当たる。

4　「大愛至醇」は京城師範学校の学校史のタイトルにもなっている。醇和会『京城師範学校史　大愛至醇』（昭和62年2月1日、全797頁）である。同書集録の名簿、終戦時在学者「本科一年在学」の頁（777頁）に永井（池田）昭三氏の名前がある。また、永井氏は編集委員として同書の編集発行にも参画した。

5　前掲の『京城師範学校史　大愛至醇』によれば、初代学校長の赤木萬二郎の在任期間は、大正10（1921）年7月1日から昭和5（1930）年1月8日までの8年半である。同様に第2代学校長の渡邊信治は、昭和5年1月30日に着任し、昭和15（1940）年3月30日に離任した。在任期間は約10年である。永井昭三氏が京城師範学校の予科に入学したのは、昭和16（1941）年であるから、第3代の岩下雄三、さらに第4代の高橋濱吉、両学校長時代であるが、京城師範学校の教育理念を打ち立て長く校長として勤務した初代学校長、第2代学校長の影響力が大きかったことがわかる。

Ⅳ．旅の記録

台湾教育史遺構調査
（その6）
公学校の母体となった宗教施設

白柳弘幸＊

　日本統治開始前、台湾各地の宗教施設には書房や書院等の教育施設が付設されている所があった。台湾総督府は統治開始後、それらを国語伝習所や公学校とした事例が多々みられるが、その実際については余り知られていないように思われる。本稿では、そうした国語伝習所や公学校の開校期の様子や設置の母体となった廟・書房・書院との関わりについて、これから数回、当該学校所蔵の『学校沿革誌』等の記録をもとに述べる。

1　恵濟宮芝山巌学堂を起源とする士林公学校

　台湾教育会発行『芝山巌誌』によれば、1895（明治28）年6月17日の始政記念祭の日、台湾総督府学務部が台北の大稲埕に開設された。しかし、当時は騒乱の後で住民の多くは離散し、教育を始めるにも相手がいないという状況であった。台北市内から3里ほど離れた所の八芝蘭という町は学者輩出の地であったことを知り、伊澤修二ら学務部一行はこの土地を実施調査した。町の北方にある芝山巌と呼ばれる小丘にたどり着き、丘に上ると荒廃した恵濟宮（写真①）と呼ばれる廟宇に住み込んでいる一人の寺僧と会った。僧から、この廟は元八芝蘭の人が学堂を開いて子弟を教えていた所であることを教えられた。そうした歴史を持つ廟であれば台湾での新教育を始めるのに相応しい場所であり、何よりも芝山巌は眺望がよい、ここで子弟を集めて教育を始めようと伊澤が決断

＊玉川大学教育博物館

した。その後、学務部は八芝蘭芝山巌に移転し学堂を設けた。7月22日頃のこととしている。
「七月二十六日郷紳ノ子弟十名ヲ集メ国語ヲ伝習ス是ヲ台湾ニ於ケル国語伝習ノ嚆矢トナス」と、士林国民小学所蔵『沿革誌』に述べられてい

①芝山巌恵濟宮

る。現在の士林国民小学・台北市立大学・国立台湾教育大学・台北市立建国高中・台北市立中山女中等の諸学校は、芝山巌学堂後の台湾総督府国語学校を起源としていることが学校HPに載る。尚、聞きなれていない台北市立大学は2013（平成25）年8月1日、台北市立教育大学と台北体育学院とが合併して発足した大学である。

　1896（明治29）年3月31日に台湾総督府直轄諸学校官制（勅令第九四号）が施行、翌日国語学校事務所が芝山巌に置かれ、従来の学堂を国語学校芝山巌学堂とした。2ヶ月後に第一附属学校が置かれ、後に八芝蘭公学校、士林公学校と改称し、現在は台北市士林区士林国民小学となった。台湾内で最初に設立された初等教育施設と言われる所以である。そのほか先にあげた学校の元になる附属学校も順次附設された。

　同年5月21日に国語伝習所名称位置（府令第四号）が発布され、国語伝習所が台北・淡水・基隆・新竹・宜蘭・台中（位置彰化）・鹿港・苗栗・雲林・台南・嘉義・鳳山・恒春・澎湖島（位置媽宮城）の14か所に設置された。『台湾教育沿革誌』に新領土の教育方針の一つとして「国語伝習所設立要項」が載る。それによると国語伝習所設立の目的は「師範学校の生徒と為すべき者、中学校の生徒と為すべき者、官吏と為すべき者」の養成で「年齢十五歳以上二十五歳以下」の者が対象であった。しかし『芝山巌誌』には、「国語伝習所は位置が指定されただけで、学校の影も形もなかったのである。凡てはこれ等諸氏の手によつて開拓されなければならないのであつた」と述べられている。各地の国語伝習所には分教場も置かれ、公学校設置前に伝習所と分教場を合わせて65

校を数えた。それぞれの土地で試行錯誤を繰り返し手探りで開拓したのであろう。1898（明治31）年7月28日台湾公学校令（勅令第一七八号）及台湾公学校官制（勅令第一七九号）が公布され、一部の国語伝習所を除き公学校に改編された。台北国語伝習所は台北市太平国民小、淡水国語伝習所和尚洲分教場は新北市蘆洲国民小になるなど、国語伝習所及び同分教場を母体とした公学校は創立百年以上の伝統を誇る老校と呼ばれている。

『沿革誌』明治29年12月12日の記事に、淡水と芝山巌を結ぶ道路が狭く生徒の通学が不便であるため、学校関係者が総督府に新道開設を願ったことが書かれている。それに対して「其筋ニ向テ新道開設ノ儀ヲ乞ヘトモ経費不足ノ故ヲ以テ許サス是ニ於テ諸雑費ハ官ニ於テ負担シ地敷ハ人民ヨリ寄附スルコトトナシテ其乞ヲ許サレヌ翌年一月十八日ニ至テ竣工セリ　今該地敷寄付者及其坪数ヲ挙クレハ左ノ如シ（以下略）」とあり、土地の大口寄付者の一人に次章で述べる林本源家の名が載る。土地購入資金が総督府にないこと、学校運営には土地の有力者の協力が必須であることを知る一文で、次章で述べる枋橋公学校の場合も同様であった。

　学務部が芝山巌に移転し初めての正月、この地で騒乱が起き6名の教員が殉職した。世に言う芝山巌事件で、6名は遭難後、靖国神社に合祀され六氏先生と称えられ、以後彼らの死は芝山巌精神として台湾教育に就く者の心に強く刻まれることになった。翌年1月2日に「殉難六氏ノ祭典アリ」と『沿革誌』と述べられ、翌年から慰霊祭が執り行われていたと思われる。1925（大正14）年の三十年祭時、台湾教育会評議員会で「豫め霊域の修繕掃除等を十分にして置くこと」「士林公學校上級兒童は祭典に列つて芝山巌歌を唱ふること」などの決議事項が『芝山巌誌』に載る。士林公学校の役割が示され、催事に士林公学校が協力することになった。士林国民小学所蔵『学校日誌』の1943（昭和18）年1月後半の記録は、連日芝山巌奉仕作業が行われていることが書かれている。祭事のある2月1日の前の週から本格的準備に入り、当日は「参拝、奉仕、奉納相撲、奉納園芸」、翌2日には「芝山巌奉仕作業　六松、四竹児童大仁田校長引率」などと書かれている。学校として恵濟宮より芝山巌神社との関わりが深くなっているのは間違いない。『本年報14号』で屏東

県満州里の「高砂族教育発祥之地」石碑について述べた。台湾教育の精神的支柱となった芝山巖は台湾教育の歴史を語る時、避けて通れない地である。(台北市士林區至誠路一段326巷26号　2012年1月訪問)

2　大観書社と旧枋橋（板橋）公学校

　19世紀後半、台北県枋橋では対岸の福建漳州から移住した漳州人と泉州人による争いが絶えなかった。それを当地の実力者林本源家が和解させ「文昌祠」「大観書社」(写真②) を建てた。「大観書社」は「大観義学」とも言い、漳州人と泉州人の子弟のための教育施設として使用された。板橋街役場発行『板橋街誌』には、1899 (明治30) 年、国語 (日本語) 教育の「重要なことを感知」し、岡崎伊太郎氏を聘し大観書社に私設の国語教育所が設けられたという記述がみられる。ただ「重要なことを感知」した主体が日本人か、土地の者たちかは文脈からはとらえられない。宗教施設を用いたのは、それなりの広さや空間があること。何よりも土地の人々の信仰の拠り所とも言える場所で、土地の人々に身近な建物であったことが考えられる。私設であっても公学校になるべくしてなったと言える。

　新北市板橋国民小学所蔵『学校沿革誌』に、1899 (明治32) 年1月1日の記事として「枋橋公学校トシテ設立ヲ認可セラレ経費ハ大観書社ノ学租ヲ以テ之ニ充当スルココトヽス」と載る。学租とは、教育施設の所有する義田 (または学田) から得られる税収のことで、統治者である総督府は大観書社から得られる税収を枋橋公学校運営費用に当てていた。同年3月13日の記録には「文

②大観書社

昌廟ヲ教室ニ充テ授業ヲ開始ス　学級二、職員二、児童男九九、女九」。1902（明治 35）年 3 月 12 日の記事に「第三回開校記念式挙行、本日ハ大観書社例祭日ニ相当セルヲ以テ記念式ヲ一日繰上ゲテ合併シテ行フ」などとある。また、1903（明治 36）年 4 月 12 日には「本年度ヨリ大観書社ヨリ支出セシ経費ノミニテハ経営困難トナリタルニヨリ設立区域管内各区長及学務委員ヲ召集シ予算会ヲ開催シ、本年度ヨリ協議費（負担金）金参百円ヲ徴収スルコトニ決定ス」と述べられている。

　当地の実力者である林本源家が枋橋公学校建設の敷地や建物の建築費一切の費用を負担した。そうした経緯が板橋国民小校内に建てられている「枋橋建学碑」（写真③）に刻まれている。この「枋橋建学碑」については『本年報 11 号』で既にふれた。1908（明治 41）年 6 月に新校舎が完成するまでは文昌廟を教室としていた。そのため大観書社例祭日に開校記念式を行うなど大観書社と学校との関係が続いた。1929（昭和 4）年の創立 30 周年の記念行事として祝賀式挙行後、大観書社参拝が行われた。この時、学校は 1300 円のピアノを購入するが、大観書社はピアノ代金として 100 円を寄付している。学校と大観書社との関係はそれなりに続いていたのであろう。

　統治初期、総督府は問題山積で財政難であったため、公学校開設とするための土地を購入し校舎建築費用を負担する余裕はなかった。前章の芝山巌での新道開設の土地については有力者の寄附によった。枋橋公学校開校にあたっては、廟の一部を借り上げ教室とし、学校運営の経費を負担させたことなど、「文昌祠」「大観書社」の力が必要であった。各地の国語伝習所でも大同小異の状況であったのだろう。

　1898（明治 31）年 2 月 24 日、「公学校諮問案」に対して総督府内調査係より下記のような答申が

③建学碑

でた。

　　既往に於て本島人の頭脳を支配せるものは孔孟の道徳にして、書院書房は本島にありては孔孟の模型として造れるものなり。故に之を再興し之を奨励するは、大に民意に投ずるものなるも、苟も之に悖る時は、人心は忽にして離散し、政治教育共に其の目的を達する事態はざらん。……要するに書院を再興し、書房を利用しつつ国語の普及を図るを以て今日学政の方針とすべし。

　これは当時の民間事情をよく知る調査係による答申であったと『台湾教育沿革誌』に載る。歴史を語る時に、もしは禁物であるが本答申に述べられる考え方が周知されていれば、その後の皇民化政策にともなう寺廟廃止などもおこらなかったのではないだろうか。

　大観書社及へはＭＲＴ板南線府中駅より徒歩10分。
（新北市板橋区西門街5号　2012年1月訪問）

　今回、士林国民小学と板橋国民小学の『学校沿革誌』を元にし、公学校設立期の状況やその後の様子についてみた。総督府は統治開始期からしばらく、土地の人々に新教育を受け入れてもらうために腐心した。統治初期の台湾人児童の就学率は芳しいものではなかったことはよく知られ、教職員による児童募集について書かれている『学校沿革誌』も見る。一般論、総論的ではない学校史研究、教育史研究の可能性を見る思いがした。

【参考図書】
『台湾教育沿革誌』『芝山巌誌』台湾教育会
『沿革誌』『学校日誌』士林国民小学所蔵
『学校沿革誌』板橋国民小学所蔵
『板橋街誌』板橋街役場

山東省青島に残る日本側学校建築

山本一生＊

はじめに

 2011年8月から13年2月まで中国山東省青島に1年半滞在した。そこで滞在中に調査した日本統治時代の学校建築を中心に紹介する。
 「青島ビール」のおかげで、日本でも青島の知名度は他の中国の大都市並みにあると思われる。しかし、この街の具体的な歴史と位置については、あまり知られていないのではないだろうか[1]。青島は山東半島の南側の付け根付近にある港湾都市である。1898年にドイツが膠州湾租借地を設置して都市形成を開始し、第一次大戦中の1914年11月に日本が同地を占領して青島守備軍による軍政を敷いた[2]。1922年に山東還附の結果、膠州湾租借地は膠澳商埠として中華民国北京政府に回収された。1928年に膠澳商埠は青島特別市として中華民国南京国民政府に回収され、日中戦争後の1938年に青島治安維持会が設置されて中華民国臨時政府の管轄下に入る[3]。このように統治権力が頻繁に入れ替わる都市の一つである。
 この街の特徴を挙げるならば、『青島地図通鑑』で以下の3点を指摘している。第一に、青島は旧都市を基礎にすることなく現代の都市規格によって建設された都市で、今に至るまでその流れが続いていること。第二に、上海や天津のように複数の列強諸国によって分割支配された「オードブル（拼盤）」式にバラバラに発展した都市と違い、近代青島は単一の統治機構による制御の下で、都市の発展過程は相対的に整った構造が現れていること。第三に、城壁に囲まれた旧市街を基盤とするので

＊日本学術振興会特別研究員

はなく、最初から近代都市として建設され、なおかつ列強諸国による共同租界が設定されることなく、単一の統治機構によって統治されていた都市であること[4]。以上の3点にさらにもう1点を付け加えるならば、中国大陸で設置された租借地[5]のうち、最初に中国側政権に還附された地域であることが挙げられる[6]。第一次大戦後に国際秩序が大きく変化する中、先に述べたように1922年12月に膠州湾租借地は中華民国北京政府に還附される。

1. 青島に残る日本側学校建築

青島には今でも日本が建てた学校建築が残っている。その多くは軍の施設になるか、中国側の学校として現役で使用されている。なお軍施設となった場合には、基本的に写真撮影はできない。以下で述べるように、一部の校舎はホテルとして再利用されている。

山東省において最初に設立された日本人学校は、1907年8月13日に居留民会によって設立された芝罘尋常高等小学校である[7]。青島で最初に設置された日本人学校は青島小学校と李村小学校で、それぞれ1915年3月30日に設立された。大正5（1916）年には日本人人口が1万人を超えたため、大正7（1918）年武定路に新校舎を建設する。それが一小となり、それまでの小学校が二小となる。日本人学校は占領軍である青島守備軍によって設立されたが、1922年の山東還附によって守備軍が引き揚げると、学校経営は青島居留民団が引き継ぎ、外務省の管轄となる。なお1945年現在で青島居留民団が管轄した日本人学校は、以下の通りである。

初等学校：青島日本第一、青島日本第二、青島日本第三、青島日本中央（高等科のみ）、四方、滄口（以上すべて国民学校）
中等学校：青島日本中学校、青島日本高等女学校、青島日本工業学校（以上3校は居留民団立）、青島学院商業学校、実業学校、紘宇高等女学校（以上3校は私立青島学院の設立）
専門学校：青島医科専門学校（同仁会青島病院の附属学校）

うち校舎が現存しているのは、一小・二小・中央・四方・滄口（一部）、中学・高女（宿舎のみ）青島学院商業（講堂のみ）・同実業・高女である。二小は軍施設となっているため、撮影はできない。

2. 青島日本第一尋常高等小学校

図 2-1　青島日本第一小学校校舎

出典：青島第一日本国民学校『昭和十八年三月　修了記念　初等科［第二十八回］』、個人蔵。

　本稿では紙幅の関係から、第一小と滄口小のみ紹介する。図 2-1 のように、一小校舎は重厚な作りであった。では、なぜ日本はこのような立派な建物を建てたのだろうか。大正 8（1919）年に出された朝鮮総督府『支那教育状況一斑』には以下のようにある。「壮大ニシテ外人ニ威容ヲ示スニ足ル教舎ヲ新築セントセリ第一青島尋常高等小学校ハ既ニ完成シテ移転ヲ終ヘ山東ノ東端ニ東洋第一トモ称スベキ宏壮ナル校舎ヲ備フルニ至レリ」[8]。このように、「外人」に威容を示すために、「東洋一トモ称スベキ宏壮」な校舎を新築したのである。この「外人」とは、中国人ではなく欧米人であったと考えられる。なぜなら、第一次世界大戦に参戦して戦勝国となり、国際的地位を上げた日本は、列強諸国との関係を重視したからである。ドイツが建設した青島を日本が引き継いだ以上、

列強諸国が環視する中でみすぼらしい占領地経営を行うわけにはいかなかったのだと考えられる。そのためこのような立派な建物を建設することになったのだと思われる。

図 2-2　現在の青島第一小学校校舎の様子

　現在はこの校舎はホテルに改造され、宿泊できるようになった。教室を客室に改造し、廊下は床板を貼り直されている。同校卒業生によると、天井や階段は当時のままとのことである。

3. 滄口日本尋常高等小学校

　先に述べたように、李村小学校は 1915 年の創立である。それが後に滄口に移転する。李村は市区から離れ、郷区へと向かう結節点に位置付く街であったが、膠州湾岸の滄口に大規模な在華紡工場が建てられると、在留日本人はこの地域を中心に活動することとなった。「紡績地帯たる四方、滄口は元我守備軍当局が工業の発展策として軍司令部買上地を工場地帯に指定貸下げたもので、各社使用土地は日支細目協定に依り

三十ヶ年の借地権を保有」し、そこに在華紡工場が建てられる[9]。まず 1921 年 10 月に富士瓦斯紡績株式会社の工場が開業し、同年 11 月に上海製造絹糸株式会社、翌年 3 月に長崎紡績株式会社の工場が相次いで開業する。そのため「守備軍当時ニ於テハ滄口在留者ノ児童ハ李村尋常小学校ニ通学シツツアリシモ距離遠隔不便ナリシヲ以テ同地ニ小学校新設ノ議熟シ在留者ノ寄附金ニ依リ大正十一年十一月校舎ノ新築ニ着手セシメ工事ノ竣工ニ先チ守備軍撤退セラレ大正十二年三月三十一日李村尋常小学校ノ児童ヲ収容シ滄口尋常高等小学校ヲ開校シ仮校舎トシテ富士瓦斯紡績会社工場内ノ倉庫ヲ充用授業ヲ開始ス同年五月十日右新築竣工セシヲ以テ之ヲ移転ス大正十二年十月一日在外指定学校ニ指定」された[10]。つまり滄口に住むようになった児童からすれば、李村は通学距離があって通学しづらかったため、1922 年 11 月から校舎の建築を始め、翌月日本軍が撤退し、1923 年 3 月に李村小学校の児童を継承して滄口尋常高等小学校となり、5 月に完成した新校舎に移る。在華紡工場の開業自体は日本統治期であったが、人口増加はそれより遅かったため、小学校の拡充は 1922 年の山東還附後を待たなくてはならなかったのである。

現在の滄口小学校は、青島第 22 中学校として使用されている。残っている校舎は体育館のみである。

図 3-1　現在の滄口日本尋常高等小学校校舎

おわりに

　こうした「外地」にあった日本側学校建築の調査は、急を要する。青島は幸運にも多くの校舎が残っているが、他の都市でも同様に校舎が保存されているとは限らない。現在中国では沿海部を中心に急速に再開発が進み、こうした古い建築物を取り壊して新たな商業施設やマンションなどを建築している。保存のためには現在の人々が残そうとする強い意志が必要であることを考えると、建築物の保存よりも再開発の方が支持されかねない。今まさに、歴史的建造物が取り壊されつつあるのが現状であろう。そのため、こうした学校建築の調査もまた、急がれるのである。

【註】
1　近代都市青島の形成の概略に関しては、荻野純一、今井卓『青島と山東半島　"ドイツの模範都市"の虚像・実像』（日経 BP 企画）を参照のこと。青島の都市形成に関する研究としてヴォルフガング・バウアー『植民都市青島 1914-1931　日・独・中政治経済の結節点』（大津留厚監訳、森宜人・柳沢のどか訳、昭和堂、2007 年）、欒玉璽『青島の都市形成史 1897-1945　市場経済の形成と展開』（思文閣出版、2009 年）が挙げられる。
2　なお 1917 年 10 月に軍政部は民政部として組織変更が行われる。
3　翌年 1 月に青島治安維持会は解消され、青島市公署が引き継ぐ。
4　青島市档案館編『青島地図通鑑』山東省地図出版社、2002 年、p.48。
5　他にこのような外国勢力によって建設された中国大陸の租借地として膠州湾、旅順・大連、威海衛、九龍、広州湾が挙げられる。ドイツは膠州湾を 1898 年 3 月 6 日に租借し、3 週間後の同月 27 日にロシアが旅順・大連（関東州）を租借した。イギリスは九龍を同年 6 月 9 日に、威海衛を 7 月 1 日に租借し、フランスは翌年 11 月 7 日に広州湾を租借した。
6　租借地に関しては川島真「領域と記憶－租界・租借地・勢力範囲をめぐる言説と制度」（『模索する近代日中関係　対話と共存の時代』貴志俊彦・谷垣真理子・深町英夫編、東京大学出版会、2009 年）表 2（pp.168-169）を参照のこと。
7　外務省亜細亜局第二課『昭和三年九月一日調　外務省関係　在外日本人学校一覧表』。
8　青島居留民団／青島日本商業会議所『昭和二年八月　山東に於ける邦人の企業』p.6。
9　「大正十三年十一月調　青島ニ於ケル日本人経営文化施設」外務省記録『支那ニ於ケル文化事業調査関係雑件／外国人ノ文化事業』第 6 巻。

オーストラリア・イギリスの学会参加記**

松岡昌和*

はじめに

　筆者はこれまで日本国内の学会のほか、台湾、香港、マカオ、シンガポール、マレーシア、インドネシア、オーストラリア、イギリスにおける国際学会に参加し、研究発表を行ってきた。セミ・クローズドのワークショップまで含めれば、そこにカナダ、韓国も加わる。2013年には、マカオ（International Convention of Asia Scholars 2013年6月）、東京（Asian Studies Conference Japan 2013年6月）、シンガポール（Inter-Asia Cultural Studies Conference 2013年7月）、オーストラリア（Japanese Studies Association of Australia Conference 2013年7月）、イギリス（Joint East Asian Studies Conference 2013年9月）に参加してきた。そのうち、東京で開催されたAsian Studies Conference Japanにおいては、本研究会会員の孫佳茹氏、Ulrich Flick氏、山本一生氏、Andrew Hall氏とともに満洲における教育に関するパネルを組んで研究発表を行った。また、Japanese Studies Association of Australia Conferenceに関しては、日本語による研究発表を行った。

　本稿では、筆者の経験による限定的な情報ではあるが、国外の学会参加を通じた日本国外での日本研究の動向について筆者の印象を共有したい。筆者の個人的な研究は第二次世界大戦期の日本占領下東南アジアにおける文化政策・プロパガンダであり、必ずしも筆者の参加したすべての学会に関する情報が読者諸氏の関心と重なるわけではないと考えられ

＊日本学術振興会特別研究員・東京藝術大学音楽学部
＊＊本記録は平成25年度日本学術振興会科学研究費補助金特別研究員奨励費の助成による出張に基づくものである。

るので（なかにはカルチュラル・スタディーズに関する学会なども含まれる）、ここでは特にオーストラリアの Japanese Studies Association of Australia Conference およびイギリスの Joint East Asian Studies Conference について中心に述べていきたい。当該地域及び他の地域を対象とした日本研究の現状を紹介した研究はこれまで多く世に出ているが[1]、本稿はそのような綿密な調査に基づくリサーチ・レポートではなく、筆者個人の経験に基づく「旅の記録」であることを予め断っておきたい。

オーストラリア学会参加記

　Japanese Studies Association of Australia Conference は豪州日本研究学会（Japanese Studies Association of Australia、以下 JSAA と略記）が2年に1度開催している大会であり、2013年はオーストラリア国立大学（The Australian National University、以下 ANU と略記）を会場として7月8-11日に開催された。筆者は2009年シドニー大会、2011年メルボルン大会に続き3回目の参加である。

　ANU のキャンパスは市内のほぼ中心部に位置している。とは言え、キャンベラはオーストラリアの経済の中心ではなく、ほぼ首都機能しかないため、日中でも極めて静かな雰囲気である。研究に専念するには良好な環境だと思われる。キャンベラには首都機能と ANU のほか、公文書館、博物館、戦争記念館などがある。特に戦争記念館は、オーストラリアがコモンウェルス加盟国としてアジア太平洋地域で日本軍と戦火を交えた第二次世界大戦について、どのように捉えているのかを知る上で欠かすことのできない施設である。

　さて、2013年の JSAA 大会は7月8-11日に開催されたが、ほぼ毎回この時期に開催されている。発表者の募集は前年から告知され、開催年の2-3月頃、申し込みが締め切られる。発表区分としてはパネル、ラウンドテーブル、ワークショップ、個別口頭発表、ポスターがあるが、大会側はパネル単位での応募を強く勧めている。ただし、個別口頭発表についても主催者側で近いテーマ同士をパネルとして組むなど、個人単位での応募も可能である。また、ポスターについては、日本語教育の実践

についての報告が多かったようである。使用言語は英語および日本語であり、全体として英語での研究発表が多いものの、英語と日本語が混在するパネルも見られ、多言語主義を標榜するオーストラリアらしい複数言語併用空間と言えるだろう。2013 年の大会会場では、ANU の学生たちによって "monolingualism is curable"（単一言語主義は治せる（病気である））とプリントされた T シャツが売られていたことが印象的であった（写真）。大会の告知は学会ホームページ[2]のほか、Facebook 公式ページ[3]などに掲載される。

　大会では、毎回特定のテーマが設定されるが、日本に関わる人文学・社会科学のあらゆる分野の研究が対象になっている[4]。筆者は一橋大学の大学院生たちとともに「帝国日本における文化的・学術的ネットワーク」と題したパネルを組織した。そのほか、東日本大震災、戦後社会運動史、戦争の記憶、移民研究、沖縄研究、在日コリアン、ジェンダー、若者文化、ポップカルチャー、環太平洋国際関係など、さまざまなテーマの研究発表が 48 のセッションに分かれて行われた。特に、マイノリティ、戦争、社会運動など、日本の社会問題について深く考察した研究が目立つ点がこの学会の特徴であると言える。パネルセッションや個別の口頭発表のほか、大会では 3 件の基調講演が行われた。この大会で取り上げられたテーマは、人権、戦争、東日本大震災であった。さらに、日本研究に関する座談会や日本映画上映、大学院生向けワークショップ、日本語教員向けワークショップも開催された。

　参加者は、オーストラリアの研究機関に所属する研究者・大学院生が多かったが、日本、台湾、香港、シンガポール、北米など、幅広い地域か

ら日本研究者たちが集まっていた。英語圏の日本研究の動向を知るという点においても、本大会は意義あるものであったと言える。

　大会全体の雰囲気としては、堅苦しさのない、自由なものであったと言える。セッション中の質疑応答はもちろん、セッションが終わるごとに用意されるティーブレイクの時間は、議論や意見交換を続ける絶好の時間となった。規模が巨大でない分、より濃密な議論のできる空間となっていたと言えよう。

イギリス学会参加記

　Joint East Asian Studies Conference は、英国中国研究学会、英国韓国／朝鮮研究学会、英国日本研究学会の3団体が数年に1回合同で開催する研究大会で、2013年はノッティンガム大学（The University of Nottingham）を会場として、2013年9月5-7日にノッティンガム大学の現代中国研究学部と共催の形で開催された。筆者にとって初めてとなるヨーロッパでの学会参加であった。ノッティンガムはイングランド中部に位置し、国際列車の発着するロンドン・セント・パンクラス駅から列車でおよそ2時間のところに位置する。道中、車窓にはのどかな田園風景が見られ、大都会ロンドンとはまた違うイギリスを見ることができる。ノッティンガムはロビン・フッドの伝説で知られる古い都市で、人口およそ30万人程度が住んでいる。筆者が訪問した際は、大会がアレンジした学内施設に宿泊したため、街歩きをすることがなかったが、歴史的にはイギリスの工業化を牽引した都市の一つでもあり、現在もイギリス有数の工業都市として知られているようである。

　筆者にとってこの研究大会に参加するのは初めての機会であったため、何かと不慣れなことはあったが、参加申し込みの方法は基本的に他の国際学会と大きな差はない。開催の前年から案内が告知され、3月に申し込み（アブストラクトの提出）締め切り、その後査読を経て参加登録（宿泊の申し込みも参加費支払いと同時）となる。筆者はもともと主催団体の一つである英国日本研究学会（British Association for Japanese Studies、以下 BAJS と略記）について他の研究者より話を聞

いており、しばしば BAJS のサイトを確認しながら、本大会の詳細を知るようになった[5]。BAJS は Facebook 上で公式ページを開設しており、主催イベント、関連団体のイベント、日本で開催される研究会の情報を提供している[6]。

本研究大会の使用言語は英語のみであったが、筆者は英語圏への留学経験を持たないもののこれまで数回英語での研究発表を行った経験があり、また東南アジア研究においては英語をはじめとしたヨーロッパ言語の習得が不可欠になっている現状から、本研究大会で研究発表を行うことにした。また、これまでの筆者の研究活動の領域がアジア太平洋地域に限定されていたので、イギリスにおける東アジア研究の現状についての情報が不足しており、そうした現状を知るという目的もあった。同じ英語圏の歴史学であっても、例えば北米とイギリスでは異なったトレンドを示すということは歴史学者の中でしばしば言われることである。その意味で、さまざまな地域の研究動向を直接把握しておくということは意義あることだと言えよう。

本研究大会は 42 のセッションからなり、規模で言えば前述の JSAA の大会と大きな差はない。ただ、研究発表の半数以上が中国研究で占められており、日本研究、あるいは日本を含む国際関係や国際関係史の研究発表は多くない。しかし、それでも日本研究の幅広い分野の研究者が集まっており、文学をはじめとして、言語思想史、近代日本音楽研究、宗教社会史、ジェンダー研究、樺太研究、引揚者の調査など、近代以降の日本を研究する際の重要な問題が多く提起されている。また東アジア国際関係についても、ポスト冷戦期の東アジア、国境問題、在日中国人留学生の調査など、東アジアの政治環境ではややセンシティブにならざるを得ないトピックも少なくなかった。筆者はここで"Childhood and Empire: A Wartime Japanese Cartoonist and His Ideological Background"と題する研究発表を行った。

イギリスでは戦前から戦後にかけての東アジアの国際関係に関する公文書や機密文書を多く保管しており、またそれらが十分に整理されているため、近年では多くの日本史研究者がイギリスを訪れるようになっていると言われている。また、イギリスの歴史研究は学問のトレンドに過度に敏感でない分、幅広い研究を受け入れる傾向があり、そうした研究

環境もまた、イギリスにおける東アジア研究の「おもしろさ」につながっているのではないかと考えられる。

海外の国際学会で得たもの

　最後に、筆者がこれらの国際学会に参加した全体的な印象とそこで得たものについてまとめておきたい。筆者が参加した国際学会は日本研究、アジア研究といった地域研究の学会であり、特定のディシプリンに限定されない。歴史学、教育学、社会学などと言ったように通常ディシプリンごとに分けられているのと対照的である。もちろん、ディシプリンごとに分かれていないことによって、特定の領域では当然とされる事柄についても改めて説明する必要が出てきたりするが、それゆえかえって自らの研究テーマの位置づけや意義について改めて考えるきっかけにもなる。また、筆者は日本占領下の東南アジアにおけるプロパガンダについて研究しているが、こうした学際的なトピックを扱う際に、特定の「作法」にとらわれなくていいこうした国際学会は、研究成果を発信するいい機会となる。

　こうした多様な背景を持つ研究者の集まる場に参加することで、幅広いネットワークを築くことができる。こうしたつながりは更に国際共同研究などの形に発展させていく可能性を持っており、幅広いアジア研究のネットワークは筆者自身にとっても大きな財産となっている。また、ソーシャル・ネットワークや動画共有サイトなどインターネットを通じた交流を通じ、様々な研究関連情報を共有していくことが可能になる。

　さらに、研究発表を行うことで多くの聴衆を得て、さまざまなコメントや質問が寄せられたことも、こうした経験で得た大きなものであった。国際学会、特に英語で研究発表を行うときには高い技術的・精神的障壁がある。しかし、JSAAの大会のように日本語で研究発表を行うことのできる国際学会もある。筆者自身、英語圏での教育経験を持っておらず、当初は日本語を受容する学会を選択して参加していた。英語で研究発表を行うにあたっても、技術的サポートをしてくれるツールが近年多くなってきた。例えば、大学院レベルでの研究支援を行う大学も増えて

きており、また、その他にも英文ライティングや英語プレゼンテーションのマニュアルも近年多く出版されてきている。筆者の研究発表もこうしたツールなしには不可能であった。英語による教育を受けてこなかった筆者にはこうした国際学会に参加するための準備は多くの時間や労力を消費するものであるが、それにも増して得るものがあると考えている。今後も研究会若手メンバーなどをはじめとして多くの研究仲間と国際学会に飛び出して行きたいと考えている。

【註】
1 主な研究・報告として池田（2002; 2009）、川端（2010; 2011）、宮城（2003）、村井（2007）などがあげられる。また筆者自身、2011年に香港における日本研究事情について聞き取りを中心とした調査を行っている（松岡 2012）。
2 http://www.jsaa.org.au/
3 https://www.facebook.com/pages/The-Japanese-Studies-Association-of-Australia/212204828823231
4 2013年の大会では、大学院生部門を除いて、人類学・社会学・学際研究, コミュニケーション・言語・教育、カルチュラル・スタディーズ、都市・自然・景観、経済学・貿易・ビジネス、経済史、歴史学、文学・翻訳、法学、政治学・国際関係学の10の領域に分けて査読ならびにプログラム編成を行っている。http://chl.anu.edu.au/sites/jsaa2013/convenors.php
5 http://www.bajs.org.uk/home/
6 https://www.facebook.com/BritAssocJapStud

【参考文献】
池田俊一（2002）「オーストラリアにおける日本研究」『東京大学大学院教育学研究科 教育学研究室 研究室紀要』第28号、73-78
――― （2009）「オーストラリアにおける日本研究（続）」『東京大学大学院教育学研究科 教育学研究室 研究室紀要』第35号、87-95
川端浩平（2010）「越境する知：オーストラリアの日本研究から考える」『社会学批評：KG/GP sociological review』第3号、51-53
――― （2011）「越境する知識人と液状化する地域研究：オーストラリアにおける日本研究の展開」『オーストラリア研究』第24号、72-88
松岡昌和（2012）「香港の大学における日本文化に関する授業の現状」『一橋大学国際教育センター紀要』第3号、93-103
宮城徹（2003）「オーストラリアにおける日本関連研究―修士・博士論文トピックの検討―」『東京外国語大学 留学生日本語教育センター論集』第29号、85-98
村井まや子（2007）「イギリスにおける日本研究の現状：ロンドン大学、シェフィールド大学、オックスフォード大学の日本研究機関を訪ねて（共同研究奨励金グループ活動報告書「表象としての＜日本＞―国際日本学の新展開―」）」『人文学研究所報』（神奈川大学）、第40号、112-114

Ⅴ．書評、図書紹介、研究動向

書評
山本一生著
『青島の近代学校——教員ネットワークの連続と断絶』

上田崇仁*

　本書は、「連続／断絶」をキーワードに資料を収集、細部にわたり検討を進めた労作である。
　評者も以前、日本の植民地であった朝鮮半島における「国語」教育について、「連続性／非連続性」という視点で論文を発表したことがあり、本書の言う「連続／断絶」というキーワードにとても強く魅かれた。評者の論文では、対象としたのは植民地統治を受けていた期間の教科書の改訂に見られる連続性と非連続性、また、同時代の内地の「国語」教育との教科書に採用された教材についての連続性と非連続性だったが、本書は、ドイツ統治下、北京政府期、日本統治下と統治者の変遷における学校制度、教育科目、そこにいた人々の「連続／断絶」を扱っているという点で、はるかに広い視野から俯瞰したものといえよう。

　まず、全体の構成を目次から見ておきたい。

　　序章
　　第一部　現地人教育を中心とする青島の近代学校
　　　第1章：ドイツ統治下膠州湾租借地における現地人学校
　　　第2章：日本統治時代軍政期膠州湾租借地における現地人学校
　　　第3章：日本統治時代民政期における現地人学校
　　　第4章：北京政府期膠澳商埠における現地人学校
　　第二部「在外指定学校」としての日本人学校を中心に
　　　第5章：日本統治下膠州湾租借地における日本人学校の整備

*愛知教育大学

第6章：青島守備珲から青島居留民団へ
　第7章：1930年代の青島居留民団と教員人事の関係
　第8章：私立青島学院商業学校に通った生徒
　終章

　本書は教育の近代化を追うことによって、山東省の青島の近代化の様相を明らかにしていこうとしているが、全体から伝わってくることは、単に制度だけではなく、人の動きも詳細に描くことで事象を極度に単純化することを避けようという意志である。これまでのこういった研究は、ややもすれば一つの地域、一つの国家、一つの時代という広がりに欠けたものになりがちだったところを、個人の動きや人間関係を詳細に追うことによりその問題を避けることに積極的に取り組み、一定の成功をしているといえよう。
　取り上げた地域が前述した山東省の青島であることについても、筆者はなぜこの地域を取り上げたのかを詳細に述べている。広がりに欠けた研究を避けるというそういった筆者の意図を汲むのに極めて適切かつ妥当な地域であったというのだ。なぜなら、青島はドイツの租借地として近代化がすすめられ、次いで日本の占領地という時代を経て、北京政府が行政権を接収した地域であり、一地域が多様な他の地域とかかわりを持ちながら発展してきた様子が見られる地域であったからだ。
　本書を、「連続／断絶」そして、地理的・時間的広がりを意識しながら読むことにした。

　では、第一部から取り上げていきたい。
　第一部は、青島の現地人を対象とした近代学校の成立過程を取り扱っている。
　ドイツ、次いで日本軍政期、日本民政期、北京政府期という時系列に沿った記述である。ドイツが青島に近代教育制度を敷き「多大ノ学資」を投じた理由を当時の日本は「支那ノ人心ヲ収攬」し、日本へ留学させることなく現地で十分な教育を与えることを意図したものと分析していたと指摘している。明治期の日本は多数の中国（当時は清国）留学生を受け入れ、影響力を振るおうとしていた時期であることから、ドイツの

対日、対中観のうかがえる分析である。他方、浅田の分析からドイツ側が地域の教育要求から近代学校を設立せざるを得なくなったともある。当時の日本の半ば主観的な分析と合わせ、今日の史資料からの分析をあわせ見ると、青島の近代学校の成立過程には、当然ながら多くの要素があったことがわかる。

　こういった様々な要素は、結果としてドイツ統治から日本軍政へ移行する際に連続したもの、断絶したものの検討により、ドイツの目指したものと日本軍政の目指したもの、ドイツの現状認識と日本の現状認識、そういったものの異なりを明示する指標と考えることができるだろう。日本軍政期から民政期への移行、北京政府への移行も同様である。

　では、何が連続し、何が断絶したのか。筆者はそれをどうとらえているのか。

　本書でドイツ統治から日本軍政への移行において引き継がれたものとして挙げられたのは、初等教育機関であった。また引き継がれなかったものとして挙げられたものが高等教育機関であった。中等教育機関については、日本人が設立したものが認可されたとしている。

　軍政期から民政期への移行後は、初等中等機関の接続を意識し、さらに大学のような高等教育機関の設立も企図したとある。ただし、中等高等教育は私立とし、ドイツのような高等教育機関の整備は考えていなかったと指摘している。民政期から北京政府への移行後では、初等教育は引き継がれ、中等教育及び高等教育の整備も私学を中心に進められたという民政期と同様の傾向がみられるという。この時期の中等教育の効率化が進むことによる初等中等高等教育の学校間の接続という点で特徴づけられることもわかる。

　教育制度の整備は、前述したように、この土地を統治した為政者が、何を必要と考えていたのか、の反映である。実際には、統治のためにその土地で暮らす人々の「必要」を為政者側がそこに反映させたという面もある。1898年のドイツの租借を起点として、1922年の北京政府への還付を一つの区切りとして考えると、近代教育に関する思想の変遷も一定の影響を与えていると考えてもいいかもしれない。

　さて、第一部では教員についても非常に精緻な調査が行われている。

教員、特に教員の出身校や異動について注目しているが、これは、個々の思想や信条とは異なり、教員養成機関と赴任校といった学校間の関係性を確認するためである。国家やその地域に暮らす人々の要求とは異なった「学閥」という全く別次元の利害関係の反映であり、やはり本書の単眼的な視点からの脱却に大きな意味を成している。

本書は学校における教員の採用と転出、後任補充といった一連の動きが、学校それぞれの独自の判断ではなく、学閥を中心とした教員ネットワークの構築とその影響下にあったことを示している。このネットワークは、青島の統治者が変遷しても作り続けられ機能し続けている。また、青島という一地域にとどまらず、朝鮮や満洲、日本内地といった大日本帝国領内をカバーする大きなものであったことも指摘されている。

これは、学校制度自体は、為政者側の政策によって連続したものと断絶したものがあった一方で、教員配置というレベルでみると、それが連続したものであることを示している。

評者はここで一つの疑問を抱いた。

今日でも「学閥」という言葉を耳にすることはあるが、今日的な理解で本書の言う「学閥」を理解してもいいだろうか。それとも、今日と異なる意味や影響力を持ったものとして理解するべきだろうか。歴史研究の一つの難しさは、扱う時期の資料に記述されている言葉が明確であればあるほどその意味の変化、つまり今日的使用法との違いが見過ごされがちになることである。「学閥」という言葉で説明されていることが、基本的な意味は同一であっても、当時と同じ理解・ニュアンスで読者が理解しているかどうか、もっと大胆に踏み込めば筆者が当時と同じ理解・ニュアンスで「学閥」という言葉を使っているかどうか、基本的な疑問として存在する。

第二部は、「在外指定学校」としての日本人学校を扱っている。ここでも、学校間関係を教員人事を通して分析している。冒頭で筆者は、在外指定学校に対象を絞る理由として、在外指定学校が「『内地』の学校体系とリンクすることで、帝国日本の近代学校をつなぐ役割」を担っていたからだと述べている。このリンクを送り手の視点だけでなく、受け手の視点を設定することで、青島の学校を見ているのが興味深い。

筆者の提供していく視点は非常に多角的であり、それを裏付ける資料の熱意ある収集と丁寧な解釈とがその分析を支えている。

評者が初めて意識させられた記述が続く。

例えば、「初等教員の三層構造」と示されている部分などはその一つであるが、「小学校教員が日本人教員のみならず、現地人教員を「兼務」という形で担っていた」という指摘は、台湾において台湾人教員が日本語の指導だけでなく「風俗習慣の改善や国民精神涵養など様々な指導の場面で」も役割を求められていたことや、逸見勝亮（1991）『師範学校制度史研究 15 年戦争下の教師教育』．で示した外地向けの教員養成での教育内容なども参考にするとわかりやすいだろう。

中等教育の場合でも教員人事を特に広島高等師範学校とのつながりから検討している。

幣原坦を取り上げているが、幣原が広島高等師範学校長になった 1913 年以降と青島の中等学校成立とが重なるところが非常に面白い。筆者の指摘するように、幣原が内地のみならず外地の教育行政にも明るかったことが、広島高等師範学校における教員養成や教員の外地派遣に影響を与え、また、外地においてもそういう幣原の育てた人材であったことが受け入れに影響を与えていたと考えるのは無理がないだろう。

こうした広島高等師範学校の卒業生が独占していた青島の教育も、第六章では山東半島還付後に独占が崩れていくというデータが示されている。

先に取り上げた逸見（前掲書）が、1939 年からの師範学校本科第二部に設置された「満支方面日本人小学校教員養成師範学校特別学級」について記述した中に、外地で働く教員の質が著しく低下しているという言葉があった。戦争が進むにつれ、正教員が軍需産業や手当の厚い植民地といった外地へ転出していく状況から、外地における教員はこの第二部の卒業生を当てようと考えた施策であったがあまり成功を見ないままになっているという。

学閥の独占が崩れ、多様な人材が外地での教育に携わっていくということと、この内地の正教員が外地へ流出していくという状況は表裏をなしているように感じる。そう考えると、筆者が第二部を通じて、教員人事を具体的に見ていったことで明らかにしてきた「『日本』側といっても、学校長や居留民団という現地諸アクター、総領事館という現地出先機関、

文化事業部という本国政府との関係は決して一枚岩ではありえず、公式では存在しえないパイプを用いて、共合(ママ)・反発しながらも利害を調整する姿が浮かび上がった」というまとめに、もう一言ほしい。学閥を筆頭として、筆者の指摘する諸アクターは確かに影響を与えていたと考えられるが、「③大野清吉→小林隆助 10 月 19 日」、「④大野清吉→小林隆助 10 月 25 日」のように、それを依頼する個人側には、そこで働くことで得られるメリットというものが確かに存在し、現地側が選ぶ側であったとしても、応募した者の中での選択であるという前提が存在するということである。その個人の事情が、逸見（前掲書）が指摘した外地の教員の質の低下ということにつながっていくのではないかと考えている。

　最後に大雑把な感想のようなものを述べたい。
　青島における教育の近代化は、統治者の変遷に合わせて積み重ねられていき、筆者がテーマとしている「連続／断絶」の両面が見られる、あるいは、その両面がせめぎ合っていく様子が見られることがわかった。そして、単に統治者側の意識だけでなく、統治されている側の要望も何らかの形で反映されていっていくことも読み取れた。
　また、本研究のような学校間の関係を教員の人事異動という指標でとらえた研究は、評者の勉強不足でほとんど知らない状態であったが本書を通じて、教員の思想や文化以外の項目が十分指標となりうること、人事異動という指標が学校内外のネットワークの存在を明らかにすることがわかった。こういったネットワークから、単に青島だけでなく、青島を含んだ外地と内地の大日本帝国全体の教員ネットワークの構造をも読みとれることが非常に面白いと感じた。
　評者は言語教育の側面から当該時期を対象にしているが、従来の研究が研究テーマを一つの国家、一つの地域として分析しがちな点には、評者と同様批判的である。より広い視点で、今まで焦点が当たっていなかった「個」に注目すること、また、「個」から集団への橋渡しを研究することは非常に有意義な研究であると考える。
　本書は、評者に内容以上のことを示唆してくれた。こういった研究者と同じ時代に研究できることがとてもうれしい。
　（皓星社、2012 年）

書評

樋浦郷子著
『神社・学校・植民地―逆機能する朝鮮支配』

李省展＊

　昨年の3月に出版された樋浦郷子さんによる良書の登場を、まず歓迎したい。本書は、2011年に京都大学大学院教育学研究科に提出された博士論文をベースとして纏め上げられた書である。著者は序章における丹念な先行研究に関する言及を始めとして、評者としてはいくつかの問題点を感じつつも、方法論や研究の射程、位置づけを明確にした上で各章が展開されていることに率直に好感を覚える。

　著者は児童の神社参拝に焦点を当てるのだが、その研究態度としては「皇民化政策」を貫徹させる過程での強制と安易に結論付けるのではなく、被支配者への神社参拝の要求を国家神道史、天皇崇拝教育、植民地支配の各位相を複層・多面なものとして引き受け、その正体を粘り強く見極め、掘り起こすものであるとしている。

　近代国家としての「政教分離」原則により、神道国教化への道程は挫折を味わいつつ複雑な過程を歩まざるを得なかった。神社が非宗教の祭祀機関となった後にも「神社非宗教」論における「非宗教」定義付けのあいまいさから、担い手自らが、「神秘」の領域（宗教性）をその内部に孕みながら、「神社非宗教」論は形骸化の道を深めていくと著者は記しているが、このような国家神道史の位相が植民地朝鮮という位相でどのように相関的に機能したのだろうか。

　著者は、植民地権力は、これまで「総督府」という単体の権力として把握されがちであったと指摘し、教員、神職、官僚、軍人という多様で重層的な権力主体を想定した上で、相互がどのような関係性を持ち、互いの矛盾や葛藤が、どのような軋みや圧迫をもたらすのか、それがまた

＊恵泉女学園大学・大学院

どのような権力の行使に携わり、植民地における異民族の児童生徒が「指導」、「教育」の名のもとに、心身を拘束されるのか、神社に参拝するということは歴史的にいかなる意味を持つのかを解明しなければならないという。その点で著者は自発か強制かという二項対立的な構図を打破するためにも、参拝の内実を幅広く捉え直し、不可視化されている強制性の発揮に着目し、具体的にどのような力が神社参拝に働いているかを糾明することに力を入れている。その際に「皇民化政策」では説明できない「神秘」の本質（宗教性）をむしろ明かにしなければならなく、学校と神社の相互関係に着目することによって、これまでの神社参拝の語りを語り直すことが可能であると著者は述べる。

序章ではこうした問題群に接近するために、モノ・「小道具」によって構成される環境に着目するのであるが、それは一度不可視化された権力関係や対立構造を可視化するためであるとしている。身体行為への露骨な介入を巧みに不可視化し、穏やかに抵抗の弱体化を働きかけ、一種の魔法的効果をもたらすのが「小道具」であり、魔法をかけるには「魔法の杖」をふるう[1]ことが必要であることから、その小道具とそれを使用する主体がもつ機能を解明することにより、対立や抑圧の構造、権力関係の再可視化が可能であると論じている。したがって、そのためには従属的であり、また能動的なプレイヤーでもある神職の行動をその言論や思想に即して描かなければならないとする。

さらに従来の、ミッションスクールを中心とする私立学校に対する神社参拝強要よりは「公立学校」における参拝を主な分析対象とするとしているが、その理由は、「公立学校」の児童生徒は、そのきわめて多数が早い段階から神社参拝や天皇・皇祖崇敬の「教育」・「指導」に晒されているためであり、「公立学校」と宗教という問題を視野に含めての研究の必要性を主張しているのが注目される[2]。

本書で用いられている資料は新聞や法令類の他に、全国神職会会報、朝鮮神職会会報、朝鮮神宮年報、大邱神社社報などの神社・神職団体の刊行物であるが、補論で取り扱われている『鳥居』に代表される神職会会報などは、公には取り扱われてこなかった資料であり、その点においても、今回、その資料でもって朝鮮神宮神職の主体性を描いていることが、本書の大きな特徴ともなっている。

本書の構成として序章と結章以外の章を目次に添って以下に挙げる。

第一章　神社参拝の回路を拓く―修身教科書授与報告祭・勧学祭
第二章　信仰へ引き込む―朝鮮神宮における大祓祭
第三章　授業日も日参させる―モデルとしての朝鮮神宮夏季早朝参拝
第四章　地域で神社を維持管理させる―神祠設置と学校の役割
第五章　学校内に神社を創る―神宮大麻と学校儀礼空間
補論　　神職会会報というメディア―朝鮮神職会会報『鳥居』について

以下、各章の要約に努めたい。

第一章では、修身教科書授与奉告祭（1926 - 1930年）の展開過程が分析対象とされている。その際、神職側の主体を高松四朗初代朝鮮神宮宮司によって浮かび上がらせている。歴代の朝鮮神宮宮司は、神宮皇学館の卒業生であり「内地」の格の高い神社から任用されていることを明らかにし、高松は着任時に通例では奏任官待遇であったが、朝鮮総督府に勅任官待遇を要求し、熱田神宮、出雲大社、橿原神宮、明治神宮と同格扱いを実現させ、総督府の単なるアクセサリーではない高松の発言力の強さを著者は示す。高松は総督府の国家神道は神前結婚の取り扱いを避けるようにという指示や「道徳的儀式を行うところ」という限定など、「神社非宗教論」に立つ総督府に反発し、「国家的精神」涵養には修身や歴史の授業は不十分で、実際の神社参拝によって育まれると考えていた。「山梨朝鮮総督に呈する書」（1929年）では総督府の神祇に対する態度を形式に偏り精神を欠くとし、「仏造って魂入れず」の感ありと批判し、「神社は当然宗教」と強く訴えているが、著者はこれを感性に訴えかける「神秘」の足場から「国教化」を叫ぶ声として整理している。

このように総督府との緊張関係にあった高松ではあったが、官制の祭典が民心を喚起しない事態をふまえ、宗教的参拝の「感情発奮の心情」が「公徳」「国家的精神」の涵養につながるとの思想、宗教性を有する神社の在り方を模索する高松の態度、また着任以前からの小学校児童と神社の関係重視、入学の際には「氏神に奉告」すべきとの考えなどが著者により丁寧に検証され、高松の思想が朝鮮神宮の修身教科書授与奉告祭に繋がることを明らかにしている。

修身教科書授与奉告祭の後、校長への教科書授与式を経て、児童には後日朝鮮神宮の印が押された教科書が配布されるのであるが、児童には教師の引率の下での「御礼参拝」が課せられることとなる。
　高松離任後の三十年代には、農村振興運動の一貫として宗教利用が企図された「心田開発運動」により「神社非宗教」の建前に潜在していた宗教性が顕在化され、総督府高官の参拝も急増する中、修身教科書授与奉告祭は勧学祭（32年）へと改称され、学務局長の参拝が実現する。それまでは私立学校の不参拝が黙認されていたが、35年からは京城府内の私立学校の参拝も急増するという新たな事態が創出される。このような中で朝鮮神宮側は勧学祭の全朝鮮への普及を要望している。また34年には「御礼参拝」と放課後の保護者同伴による朝鮮人児童の記名が必要とされた「誓詞」の提出が演出されたことから、参拝者数は急増を見ることとなった。この自ら誓うという「誓詞」の提出を著者は、「自発」性を装うための他律的な演出であると看破しており、朝鮮人児童をして天皇への恭順を誓わせる小道具として「誓詞」が機能する様態をつぶさに明らかにしている。
　第二章においては大祓式（おおはらいしき）という祭祀を通じて児童生徒が参拝させられる過程が検証される。より宗教色が濃い大祓式の分析を通じて「崇敬」と「信仰」という論点と「公立学校」における宗教性の位置づけという問題に接近する。著者は朝鮮における32年からの大祓式の実践が「内地」の大祓式復興の「先駆」となったという仮説を提示している。植民地ゆえに民衆信仰の基盤を持たなかったことが時流に即した祭祀解釈や学校への接近をより容易にさせたからであるとい見解を示している。
　水野錬太郎の小学校生徒の参拝は「崇敬」であるが、神社の式に列させることやお祓いは強制的に信仰させることになるという言説に象徴されるように、また学務関係者の大祓式不参拝に表れるように、神社行政においては「崇敬」の場であってこそ「信教に自由」に抵触しないとの理論付けが当時はなされていた。しかし著者は神職の側はそう考えなかった実態をより踏み込んで本書で明らかにする。
　朝鮮神宮の阿知和安彦宮司は、参拝者に天理教並みの熱心さを要求しつつも、「皇室の御信仰」であるがゆえに仏教、キリスト教のような個人の宗教に優越しなければならないという。またミッションスクールの

崇実学校校長の平壌神社不参拝事件に対する初代権宮吉田貞治の言説では「国家と神社は即一体」であり神社の否定は国家の否定であり、キリスト教は天理教と共に下位の位置にあるとされている。著者は内地では草の根の神職らがファシズムの担い手となった先行研究に言及しつつ、朝鮮ではトップエリートの神職も「非宗教」論を声高に批判したことの重要性を指摘した上で、朝鮮神宮大祓式への参列者の具体像を分析により明確化する。

神職の期待とはことなり、中等教育機関からの大祓式への参列に関しては、日本人比率の高い学校が目立つこと。中には参列に消極的な校長の存在も明らかにされる。大祓式は勧学祭と異なり祭祀自体に児童を参列させるものであったことからも、信仰の領域に踏み込んでいるという校長側の判断が存在したと想定される。また私立学校にかんしては、36年になってもキリスト教系普通学校は勧学祭には参加しても、大祓式には参加しないという学校が存在することから、参拝に関しては選択の余地があったことを明らかにしている。しかし37年になると参列者数が千人をこえるなど、新たな展開を示すのであるが、その背後には36年の神社関係諸法令が改められ公金支出が可能となったこと、日中戦争を契機とする「愛国日」導入などにより神社参拝を強力に推進した総督府の神社政策の変化を指摘する。37年からの参列者数の量的拡大は、初等学校児童の参列者数の増加に依拠しており、生徒学生層から児童層へとシフトしたと分析している。さらに40年代になると明確に大祓式と国防との接合がなされるという。

著者はここで「皇国臣民の誓詞」を創出した塩原時三郎の言説を紹介し、塩原が日本的鍛錬は「みそぎ、はらい」であるとして「内地が行わざるの故に、自ら必要と信ずることを行わざりしことありや」と述べていることを大祓式の「先駆性」の例証としているが、これとは別の視点から評者は、児童の自発性を装いつつ強要された神社への「誓詞」と「皇国臣民の誓詞」の親和性と連関を読み取っている。

第三章では神社参拝の日常化への取り組みとして夏季早朝参拝が取り上げられる。植民地朝鮮では「集団参拝」と「個人参拝」とはどのように異なる意図を以て誰に要求されたものであるかという課題が設定がなされ論議が進められていく。

神職側の意図の「敬のみに走」ることよりも「懐かしく慕う」ことへの重視から、夏季早朝参拝が36年より開始されたとされる。それには「自発的意思」を掻き立てる小道具として「参拝証」が機能したとする。36年の統計では個人参拝のなかで夏季早朝参拝の占めた割合は１７％程度で、この企画が朝鮮人児童を含めて一定の影響力を及ぼしたことが推定されている。著者はまたこの背景に「修身」の評価と参拝の連関を指摘する。これに日中戦争が開始される37年になると、武運長久を祈願する「定日参拝」が加わり、また「愛国日」が設定され参拝者総数は増加することとなった。これは戦争への動員を目的とした集団としての従順な身体を現出し、「総動員」することにあったとされている。思惑の相違という同床異夢が解消されぬままに神社参拝の促進という結論においてのみ総督府と朝鮮神宮は一致していたのであったと指摘される。このような朝鮮神宮での実践が地域社会へ大きな影響を与えたことが大邱神社日参会の事例により検証され、その影響力が確認されるとともに地域社会における神社と学校の結びつきは「京城」よりも密であったという仮説を浮かび上がらせている。

35年から36年、「心田開発運動」が展開され「国体明徴」「敬神崇祖」のもと参拝への要求が強まる中、平壌におけるミッションスクール不参拝事件を契機に「学校における敬神崇祖の念涵養施設に関する件」（政務総監通牒）により学校に神祠を設置することが求められるようになった。第四章においては、この神祠の設置と学校の役割が検証されるのだが、朝鮮社会では圧倒的に神社の設置数が限定的であり、そのことからこの章では、神祠に焦点を当て、その実態解明を、だれがどのような場所に創設し、誰が管理したのかということを中心にして明らかにしている。著者によると朝鮮人には、神祠または神社（奉安殿の可能性も否定できない）は学校施設の一部として認識されていたとされる。35年に「一面一社・祠」に始まるこの政策は、「心田開発運動」の一環として企図された。しかし他方で国体に沿わない神社は規制されるという二律背反的な様相を呈した。そこには現実の神社・神祠と総督府や朝鮮神宮神職の理想に描くそれらに乖離があったと指摘される。教派神道に対して朝鮮神宮神職は敵対的であり、地方における神社・神祠が朝鮮人の娯楽の場や在来宗教の祭祀の場となりかねない状況が存在し、40年代にその

傾向が一層強まったとされる。また時には不敬罪による逮捕の場となるケースも存在した。

　32年から39年まで神祠設立を申請した代表者と実際の管理者を検証すると、日本人申請者には地域の有力者であった会社経営者などの民間人に加えて郵便所長が多いことが分析を通じて判明する。朝鮮人申請者は支配の末端に組み込まれた、郡守・邑面長が圧倒的であった。神祠の維持に駆り出されたのは簡易講習(5日)を受けた日本人小学校長が多かったとされる。全羅南道は全朝鮮で唯一「一面一社・祠」政策が45年に至るまで極端に推進されたのであるが、設置を届け出た代表者はすべて朝鮮人面長であったという。日本人社会の成立しない地域にも神祠の設置が拡大されるにつれ、総督府の期待とは全く異なる様相へと変質していき、それにより「神明」という天照大神を示す言葉の不使用という状態が定着化していったとされる。

　第五章においては、朝鮮での神宮大麻頒布とそれに伴う混乱を「御真影」とともに検討されている。まず御真影に関しては43年時点では朝鮮人対象校への交付が3181校中72校であったという先行研究を紹介し、道具立ての不足する中で天皇を崇拝させるためにどのような小道具を用い、どのような儀式が展開されたのか。実際どのような空間であったのかについて資料に基づく論証の必要性が強調される。

　朝鮮でも台湾でも天照大神を祭神とする伊勢神宮の大麻が大量に頒布されるという現実があった。「御真影」と教育勅語により非宗教を装った「天皇のマツリ」は、朝鮮では「御真影」がほぼ無く、教育勅語の理念適用が困難な植民地の現実にあって、朝鮮では「非宗教」の装いも希薄化され学校教育でより広く重い意味を持たされたのではという著者の仮説がこの章において検証される。内地において公立学校に導入された神宮大麻が滋賀県神棚事件として30年に浮上する。浄土真宗側からの強い反発が惹起されたが、この動きに触発されキリスト教諸団体も進言書を提出する事態へと進展していった。「内地」ではブレーキが踏まれる事態であったにもかかわらず、朝鮮ではアクセルを踏み込む様相が出現したとされる。すなわち、朝鮮では35年に一挙3万枚以上の大麻が頒布され、2万個に迫る神棚が必要となり工業高校の朝鮮人生徒[3]に実習と称して無償奉仕で作成させた、「内地」では家庭の神棚に祭られて

いた大麻が朝鮮では校内神棚に加え野外の神社型設備にまつられたのである。

「御真影」に関しては37年末より日本人教員が圧倒的多数を占めた中等学校に優先的に配布され、朝鮮人教員の占める率が比較的に高い「公立」普通学校や私学には配布されなかった。ここには支配者側の「不敬事件」発生の恐れと朝鮮人教員への不信が読み取れると著者は記す。しかし37年になると一部の朝鮮人対象校に「御真影」と教育勅語謄本が付与され、講堂内中央にすでに設置されていた神棚の位置に関して混乱を招いた。「御真影」のために中央を空位にし、神棚を移設するようにと学務局から指導されている。38年頃になると、まつる場であった学校が大麻を頒布する役割も担うこととなり朝鮮人家庭にも大麻や神棚を配布した事例が出現する。朝鮮人にとっては尊いとされる大麻をなぜ毎年変えなければならないのかが、理解不能であり、神社以上に不可解なものであったとされている。オンドルにて神棚を焼却するなどの「不敬事件」も続発し、学校の敷地内だけが神宮大麻への拝礼を朝鮮人に強要しうるほぼ唯一の空間となったと著者は指摘する。

本章ではまた神宮大麻頒布とほぼ同時期に制定された「皇国臣民の誓詞」に関しても言及されているが、誓いを声に出すということが内容理解に優先するという身体規律の強制は、支配者からすると一層腹立たしい事態を招来させたとし、「お経を唱える風で感心どうもできない」という声も聞かれ、晋州中学校では「皇国臣民」を「亡国臣民」と言い換えて斉唱したことで退学処分となったという事件まで惹起した。朝鮮神宮境内に「皇国臣民誓詞の柱」が建造されるが、通牒には宮城に最敬礼の後あと「誓詞の本旨を胸中に繰り返す」ことが定められている。著者は誓いの斉謡は宗教とは程遠い身体規律であるとするが、発謀ご間もなくその無力が露呈し、額や柱などのモノが用意されるが、それは「御真影」交付が「不敬」状態を生じさせたように、支配者にさらなる苛立ち・不信感・警戒を循環させる装置となったとしている。

著者は章括で、久木幸男の「天皇制教育の逆機能」が「周辺部へ押しやられた人々の教育」の中に存在するという議論を紹介し、天皇崇敬教育を目的として導入された神社・神祠・大麻殿・神棚・奉安殿など一つ一つの仕掛けには期待された「効果」を発揮しえた道具立ては一つもな

く、支配者が植民地支配当初から抱え込んでいた内部の齟齬や矛盾を露呈し続けることだけに役立ったと結論付けている。さらに、それ等を設置した人々は自らが構築した構造の中で、苛立ちにかられながら次なる手立てを探し求めたと結んでいる。

最後に結章での論議を紹介しつつ、本書の持つ長所と合わせて問題点を指摘したく思う。

結章では三つの仮説が結論的に再度検証されている。第一は、勅語理念の不適合と写真不交付により神社参拝が内地より過度に重い役割を担わされたのではという仮説である。第二は植民地固有の問題構造の中で低年齢層の就学者が参拝へと駆り出されたのではないかという仮説である。第三は内地よりも一歩「神秘」の側に依る形で装われた学校儀式の機能は「皇国臣民の誓詞」に象徴される身体規律のさらなる強化と宗教性を強調する方向の両方向に分かれ、それぞれの面で分解するのではという仮説である。

第一仮説に対しては、神社にとっての宗教的感化への欲望と「御真影」なき初等教育にとっての代替という思惑を有する装置を抱え込まざるを得ない構造の中で、否応なく朝鮮人児童を巻き込み、団体と個人で「御礼」と「誓詞」提出という二重の参拝を強いるとともに、夏季早朝参拝の実施など内地とは比較にならないほどの苛烈な実態が実証されたとしている。第二仮説では、神社数が「内地」に比べ圧倒的に不足していたことが神祠の設置が企図されたことを実証したとする。地域社会に神社が存在しないところから創出するという事実が児童の抑圧に繋がるという構造が判明したとし、神祠設置のための無償労働や設置後の清掃を含めた維持管理に初等学校長の監視の下、児童を日常的に駆り出している実態が明かになる。第三仮説に対しては、朝鮮人教員への不信から「御真影」がほぼ皆無であったことが実証され、三十年代半ばには代替的学校儀式がテキストの意味を無化した身体規律だけを強制する方向と、神社参拝よりは一層宗教性が醸し出される神宮大麻・神棚拝礼という「神秘」の方向へと両極化していき、心の中の動きと「柏手」などの身体の動きがセットとしてあった二側面が乖離し、両極同士の空虚な循環から崩壊へといたったことが判明したとされる。

本書の最大の貢献は、第一章から三章にかけて一貫して、朝鮮神宮神

職の主体を新たに発掘されたものを含めて豊富な資料により浮かび上がらせたことである。「神社非宗教」論に反発する神職側の宗教性への傾斜が、植民地朝鮮における特有な神社参拝を構造的に生み出していったことが明かにされた意義は大きい。本書はまた、総督府として往々にひとくくりにされる権力主体を単体ではなく相互間の葛藤をも含む複数による複合的主体の動きとして描きだすことに成功している。巨額の公費が支出されたことからも神職は総督府に従属的な位相に置かれてはいるのだが、高松などの神職の強力な個性が自律的動きを可能にする一連の過程が詳細に描き出されている。また「皇民化政策」による神社参拝の強要という単純な言説を越えるべく、神職のみならず、総督府官吏、学校長、教員、郵便所長、朝鮮人郡守・面長、保護者、生徒・児童など多様な植民統治下のプレイヤーの動きが分析され、それぞれの役割や相互の葛藤・亀裂、同床異夢による協力など細部にいたる支配の諸相がモノを媒介として見事に明かにされているといえよう。

　若干の論議となり得る点を挙げるとすれば以下の三点である。繰り返し本書で指摘される神職の「神秘」の場への誘いが結実しなかったことは、神社が権力と結びついたという事だけであろうか。朝鮮の解放後、神道は神社ともども朝鮮から霧散してしまう。これは学校における儀礼空間の分析とは異なる位相となるかもしれないが、朝鮮神宮神職が宗教性を貫徹しようとするなら、当然、儀礼ではなく信仰へと誘うことが必要となるだろう。すなわち朝鮮社会に神道の土着化を図る視点が必要とされてしかるべきであるのだが、その点が本書ではほとんど表れてこない。神社創設への申請者として朝鮮人郡守や面長は登場し、その中には簡易講習を受講したものも存在しただろうが、朝鮮人神職を育成しようという動きが本書では全く見受けられない。朝鮮人児童を信仰へと導こうとするならば、朝鮮人神職の育成は不可避であるはずであるのだが、神職側がその意識を欠くとしたら、そのことの意味もまた問わねばならないだろう。本書の補論において京城神社神職とエリートであった朝鮮神宮神職との対立関係が示唆されており、京城神社ではムーダンや洞祭などの朝鮮在来宗教との融合を図ろうとしていたという点に著者は特色を見出している。金達寿等によって古代史における朝鮮と神社の関係は指摘されてはいるが、教義を欠く神道は、朝鮮のアニミズムなど在来宗

教との親和性も高いといえよう。また台湾における鄭成功を祭神とする開山神社の存在など、台湾における祭神や神社参拝と比較すると朝鮮における神社参拝の様相がより一層鮮明になるのではと考える。

著者により中心的テーマとされている「公立学校」と宗教との関係は「文部省訓令十二号」(1899年)による宗教と教育の分離政策において顕在化するのであるが、すでに1892年に制定された「小学校祝日大祭日儀式規程」では皇祖神にかかわる祝日大祭における儀式規程が中核となっており、「御真影」の拝賀も基本形とされていた。当時著名なキリスト教指導者であった植村正久はこのような事態に「基督教徒は己の力によって設置せる私立の学校に於いて、其の素志に基づき其の理想に従いて教育を施すの自由を回復するに尽力すると同時に、官立公立諸学校より宗教的分子を除き去り、信教自由を保全する道を講ぜざるべからず」[4]とその問題性を的確に指摘している。神道国教化の対極として神道、仏教、キリスト教による「三教会同」(1912年)があるのだが、本書では、キリスト教と神社参拝に関する叙述はあるものの、仏教との関係性に関しては極めて限定的である。「内地」における真宗と神社参拝の葛藤に関しては触れられているものの、朝鮮においては真宗が存在しなかったとし、仏教との葛藤関係への関心は希薄化されている。著者は高野山第一国民学堂の不参拝の事例を紹介しつつも、本書では朝鮮における仏教との関係性に関する叙述が見られないことは残念なことである。「神社非宗教」論に立脚した神社参拝儀礼に神職と共に僧侶も参加を要請されている事例が存在することからも、無いものねだりになってしまうが、仏教と神社参拝との関係がさらに追求されていれば、寄り豊かなものとなったと考える。

結章において著者自らがこれからの課題としているが、朝鮮人の心性に関しては本書では迫りきれていないのが惜しい。本書では頻発する「不敬事件」を根拠として逆機能する朝鮮支配の側面が強調されているが、機能した面も全くなくはなかろうと考える。評者は教育を受ける側からの視点を欠く植民地教育史研究を克服するために植民地において被教育経験を有する在日コリアン一世のインタビューを試みているが、詩人の金時鐘の神社参拝に関する回顧を想起せざるを得ない[5]。済州神社での神社参拝を金時鐘は回想し、当時皇国少年であった金時鐘は、神社に参

拝するハルモニがあたかもムーダンのような形式で参拝する光景を目撃し恥ずかしさを覚えたことを告白している。植民地における身体規律とは程遠いハルモニ達自体の振る舞いにも興味深いものがあるが、身体規律を心底身に付けた金時鐘少年の存在が逆にそこから浮かび上がってくる。また親日派といわれる存在と神社参拝の関連性も浮上してくる。日本への留学経験を持ち、独立運動家から親日派に転じた著名な文学者の李光洙は香山光郎へと創始改名したことを転機として、彼の生活は、皇民生活を実践するものとなった。在日の作家、金石範は次のように記している。毎日禊をし、和服を着用しての宮城遥拝をし、書斎には日章旗を掲げ、朝友、絶えせぬ目礼を励行し、天皇に関係する事柄が会話に出てくると佇まいを正しての正座に努め、南大門の近くを通り過ぎる時は天照大神と明治天皇を祭神とする朝鮮神宮に向かって合掌したという[6]。まさに規律権力に対して「親日」として身体規律を生活化していった姿がそこに見られる。

　本書では青年層を取り込むことができなかったゆえに、児童に抑圧が集中していったとされているが、幼少期からの早期教育により、「国語常用」や神社参拝などが機能し皇国青少年を生みだしていった諸相もまた明かにせねばならない課題のように思える。

　いずれにせよ本書は先行研究に比して支配の細部にわたる様相を明かにすることに成功しており、今後、学校における儀礼空間を研究する際の必読書となるであろう。本書は読み進めていくうちに、思考が刺激され、次々と新たな発想へと誘なわれる好著であることに間違いはない。

(京都大学学術出版会、2013 年)

【註】
1　著者はミシェル・フーコーの『監獄の誕生』を引用し、フーコーは「けばけばしい」身体刑から近代における規律、訓練、収監に代表される「いっそう巧妙かつあたりのやわらかい苦痛」への歴史的変貌課程と権力の正体を掘り下げたとし、従来の神社参拝強要の叙述は「けばけばしさ」に目を奪われ、権力主体が「巧妙に」強いた歴史を看過したと述べている。
2　本書では詳述されていないが 1890 年代から帝国日本では宗教は公立学校に儀礼として導入されていた。
3　著者も後に明らかにしているが、朝鮮人家庭内に神棚をまつるよう指導された実態は存在した。キリスト教徒の家庭に神棚をまつるようことに反発

した宣教師による事件も発生している。
4 『福音新報』第二五四号、1901 年 5 月 9 日。
5 李省展・佐藤由美・芳賀晋子「在日コリアン一世の学校経験—金時鐘氏の場合」『植民地教育史研究年報』13 号、2010 年参照。
6 金石範『転向と親日派』岩波書店、1993 年、80 頁。

図書紹介
斉紅深評説、石松源・賀長莁合編
『让教育史走进社会』

宮脇弘幸＊

　斉紅深氏は、1980年代後半以降、中国の教育史、東北地方教育史、植民地教育史において活発に研究活動をされてこられたことは内外で広く知られている。本書は、これらの分野における斉紅深氏の学術著書・研究誌、内外の研究会・シンポジウムでの研究報告などについて論評された170余篇を石松源・賀長莁両氏が共同編集した446頁の大書である。

　本書は、斉紅深氏の研究活動を六つの領域に分け、それが下記のような章立て構成となっている。

　第一章　教育史学研究について
　第二章　東北地方教育史研究について
　第三章　満族と東北民族教育史研究について
　第四章　日本侵華教育史研究について
　第五章　日本侵華教育口述歴史調査と研究について
　第六章　斉紅深と「中日学術交流と共同研究」

　本書で論評されているのは、中国で地方教育史研究、また中国及び日本で植民地教育史研究が盛んに行われだした1980年代後半以降のものである。
　第一章では、教育志分野の先駆的研究著書『教育志学』(斉紅深・王克勤共著、遼寧大学出版社、1988)の出版意義、及び「中国地方教育史志研究会」の発足(1992)の経緯が紹介されている。
　第二章には、中国東北地方教育の通史に関する著書『東北地方教育史』

＊大連海洋大学外国語学院学教

（斉紅深主編、遼寧大学出版社、1991、368 頁）の概要、評価、中国東北地方教育史学術討論会（1992 年 8 月開催）の総括などの寄稿文が載せられている。また『東北地方教育史』に対する故小沢有作先生と黒川直美会員の講評が載せられている。

　第三章には、東北地方の満族の教育史に関する斉紅深氏の研究業績の紹介、評価などが載せられている。その主なものは『満族教育史』（遼寧大学出版社、1993）『満族的教育文化』（遼寧大学出版社、2003）であり、いずれも斉紅深の著作である。

　第四章は、日本による中国東北地方の教育侵略に関する学術書『日本侵略東北教育史』（盧鴻得主編、遼寧人民出版社、1995）の論評が 8 本、『日本侵華教育史』（斉紅深主編、人民教育出版社、2002）の論評が 14 本、また、1997 年 8 月 20-25 日に北京教科院基礎教育研究所で開催され、日本植民地教育史研究会からも多くの参加があった「日本侵華殖民教育史国際学術検討会」の概評 2 本、1998 年 10 月 25 日に宮崎公立大学で開催された日本国際教育学会と日本植民地教育研究会による共同開催「植民地教育の検証―中国・韓国・沖縄の視角」についての概評 2 本（日本植民地教育史研究年報 2 号掲載）など、中国、日本の研究者による日本侵華教育史に関する 46 の研究活動が概評されている。

　中国では 2000 年ころから日本侵華植民地教育史の研究が実証研究へと深化し、植民地教育の実態調査、体験者の口述史調査（証言者 1,280 人）が大々的に実行されるが、第五章では、それらの調査に基いた著書（『「満洲」オーラルヒストリー―「奴隷化教育」に抗して』（斉紅深編著・竹中憲一訳、皓星社、2004）、『見証日本侵華殖民教育』（斉紅深編、遼海出版社、2005）、『日本侵華教育口述史』（斉紅深主編、人民教育出版社、2005）、国際学術シンポジウム（2004 年 3 月東京・法政大学開催、2004 年 12 月東京学芸大学開催）などの研究報告が 82 本の論評でなされている。その中には、新華社、人民日報、中国青年報、光明日報、中国教育報、瀋陽人民テレビ放送などメディアの論評及び日本植民地教育史研究会会員による論評（6 本）も載せられている。

　第六章は、斉紅深氏がかかわった「中日学術交流と共同研究」について 24 本の論評が載せられている。斉氏と日本の教育史・植民地教育史研究者との交流は、1991 年 5 月東海大学・東海教育研究所の訪中団（団

長・海老原治善教授）との研究交流から始まり、それ以降「満州国」教育研究会・学術シンポジウムが開催され 1994 年 12 月まで続いた（東海研究所『研究動態』1994）。また、斉氏は日本植民地教育史の日中共同研究、国際シンポジウム、日本植民地教育史研究会との研究交流でも研究発表されているが、それらの積極的な研究交流活動についても『植民地教育史研究年報』などに論評されていることを掲載している。

　上記のように、本書は斉紅深氏がかかわった主に中国東北地方の日華植民地教育史の研究活動であるが、本書を通じて中国の植民地教育（中国では殖民地で表される）研究の創始から深化・発展への状況がよくわかり、その意味で中国における日華侵略植民地教育史の研究動態を時系列的に知ることができる好書である。

（吉林文史出版社、2011）

研究動向
「植民地と身体」に関わる研究動向

西尾達雄＊

はじめに

　科研「日本植民地・占領地教科書にみる植民地経営の『近代化』と産業政策に関する総合的研究」を進めるに当たって、「近代」をどのように捉えるかという課題が提起され、その一環としてシンポジウム「植民地近代と身体」というテーマが設定された。「身体」を通して「植民地近代」を把握するということになるが、果たして、その「身体」とは何であり、それによって「植民地近代」の何を捉えようとしているのであろうか。

　そこで、国会図書館の論文検索で「植民地」と「身体」で検索した。重複を含めて54件の図書と論文が示された。この内、「植民地」と「身体」が別々のテーマになっているものを除くと、図書10編、雑誌論文7編が残り、図書の内、所収論文が「植民地と身体」に該当するもののみ取り上げ、これらについて、「植民地と身体」に関わる研究動向として紹介したい。その内容を紹介する前に、まず簡単に全体的特徴を述べておきたい。

　まず図書では、その研究視点から大きく次の2つのカテゴリーに分けることができる。

　1　身体管理・規律・体育
　2　ジェンダー

＊北海道大学教員

「1 身体管理・規律・体育」の二つの図書の所収論文では、いずれも1930年代の植民地朝鮮での戦争動員と関わる身体の管理、規律化が促進されることを示している。他の時期や他の地域については、わが国ではまだ紹介も解明もされていないように思う。今後の課題であろう。「2 ジェンダー」の8つの図書では、金富子の二つの図書の他は総計12本の「植民地近代」における教育、職業、社会団体、表現(絵画、映画)における女性を対象にした論文が収録されており、これまでの教育史研究を見直す成果が示されている。特に、金富子の研究では、ジェンダー研究に階級と民族という視点から検討され、これらの輻輳的な関係を示す成果をもたらしている。これは、「1 身体管理・規律・体育」について考える際にも重要な視点ではないかと思われる。

同様に論文では、以下の4つのカテゴリーに分けられる。

1　統治政策
2　舞踊・身体表現
3　文学
4　ジェンダー

「1統治政策」では、フランスのアルジェリア支配で被植民者の法的地位を「例外的身体」として示したバルカの著作を検討したもの、インドの統治技法としての統計、身体計測法を検討したもの、インドの衛生政策におけるオリエンタリズムと「社会管理」を明らかにしたものが含まれている。「2舞踊・身体表現」は、植民地期台湾の舞踊の先駆者の身体を「解放と統制」として捉えようとしたものであるが、論文構成がないのが残念であった。「3文学」では、「天馬」という小説における身体表象を通して植民地支配の社会構造を解明しようとしたものである。「4ジェンダー」として上げたものは、17世紀の植民地アメリカで起きた宗教論争におけるピューリタンの女性観を示したものである。

図書と論文に分けたが、図書のほとんどは、全編が「植民地と身体」で綴じられたものではなく、個別論文を一部に収録したものである。それゆえ、図書と論文を合わせて分類を5つのカテゴリーとすることも可能である。いずれにせよ、「身体」に関わる表現は、多様であるが、政

治的支配や社会構造の変化が日常生活の中に浸透していることを示しているといえる。そこに具体的な「植民地近代と身体」の関係を見ることができ、それらは政治、経済から教育、芸術、文化、宗教等多様な角度から解明していく課題が残されているといえる。その際に、ジェンダー、民族、階級という視点は改めて重要な視点であるといえるよう。また、「女性性」という状況におかれた被植民者における「男性性」という視点にも着目していきたい。さらに、ジェンダー視点として、本稿では取り上げなかったが、『アジアから視るジェンダー』(田中かず子編　風行社　2008)の中の座談会の発言で、「面白いことに、日本の植民地時代を『よかった』と感じる台湾人のほとんどは男性です。それに比して、同じ意見を述べる女性は少ない。台湾の例からわかるように、植民地化、近代化、そしてジェンダー化のプロセスには密接な関係があるのです。」という主張も傾聴すべきであろう。これらの研究動向から「植民地と身体」に関わる研究はまだまだ緒についたところであるといえよう。以下にこれらの図書及び論文の概要を示しておきたい。

Ⅰ．図書の概要

1　身体管理・規律・体育：2

1）現代スポーツ論の射程：歴史・理論・科学　／有賀郁敏，山下高行 編著；金井淳二，草深直臣 監修．／ 戦時下植民地朝鮮における身体管理と規律化に関する一考察／権学俊 著．文理閣，2011.11.

　本稿は、主に韓国における研究成果にしたがって、植民地朝鮮における「身体管理と規律化」について整理した総説である。フーコーによる国民国家における「国民」づくりと身体の規律化という観点から帝国日本における身体統制と管理様式の概要を述べ、植民地朝鮮ではそれがそのまま適用されたとしている。統治初期の身体管理は文部省中心として行われたが、日中戦争以降、学生の身体管理と統制様式が根本的に変化したとし、皇民化政策や皇国臣民体操の概要を紹介している。また、植民地朝鮮におけるラジオ体操の普及状況では、総督府が積極的に推進し、1934年以降「ラジオ体操の会」運動として展開されたこと、ラジオ体

操が宮城遙拝などとともに積極的に実施されたこと、「ラジオ体操の会」の名称が「健民運動戦線夏季心身鍛練ラジオ会」に変わり、愛国班を動員し厚生体操と防空訓練をかねて強化実施されたことなどが示されている。そして興味深い点は、「おわりに—解放後の韓国との連続性」についてで、ラジオ体操／皇国臣民体操が、1948年朝鮮体操連盟によって制定された「国民保健体操」につながり、李承晩政権によって対象が全国民に拡大されたこと、朴正熙政権が祖国近代化という名の下、植民地下で実施された制度などを国家統治システムとして復活／制度化させたが、その理念は「戦時下総動員体制の複写版というべきものであった」としている点である。これらの検証を含め、「植民地主義の継続」を解明する作業は課題であろう。

2）生活の中の植民地主義／水野直樹 編；水野直樹[ほか]著．京都：人文書院, 2004.1.／

① 序論—日本の植民地主義を考える　水野直樹

本稿は、日本の植民地主義の課題について述べたものであるが、「植民地近代と身体」を見る視点として重要な指摘をしている。水野は、植民地主義の日本的特質の解明はこれからの課題であるとしながらも、これまでの研究から欧米の植民地主義を「文明化と差異化（野蛮化）」の二重性によって特徴づけることができるとすれば、日本の植民地主義は「同化と排除」の二重性によって特徴づけられるとしている。また日本の「同化」政策は「文明化」という面を持ちつつも、「日本的なもの」を強制する面が強いとし、「未開」の根拠として、台湾では先住民をクローズアップし、朝鮮では貧困、不潔、怠惰、狡猾などを「民族性」として強調し、三・一以後は恐ろしさのイメージが付け加えられたとしている。そして日本の植民地支配の下では、「文明化」「近代化」そして「同化」が当初から目標として設定されていたが、実際に被支配者の生活レベルにそれらが深く入っていき、衛生や身体規律に関わるスローガンが多くの民衆の生活を縛るようになるのは、日中戦争以降の時期であったこと、戦争への総動員を最大の課題としたこの時期には、健兵、健母などが強調されたこと、衛生、規律、健康など近代性を表す観念が戦時体制下で被支配者に向かっても強調され押しつけられたことを示し、これらが日

本の植民地主義の意味を捉える手がかりを与えてくれると述べている。そして、戦争と同化と近代が折り重なるように押しつけられたことは植民地においては、近代は暴力とともにやってきたといわねばならないとし、「近代」だけを切り離して考えることができないところに、日本の植民地支配からの解放、日本の植民地主義の解体に困難さがあったのである、としている。

② 植民地支配、身体規律、「健康」/ 鄭根埴 著.

著者は、韓国のハンセン病患者へのインタビューで、患者たちがいつの間にか背を向けているという体の振舞いに対する疑問が権力と身体規律との関わりへの出発点であったとし、そこに「患者懲戒検束規程」などの患者の身体規律に関わる規定があったことを指摘している。そして、近代的身体の最も重要な特徴は、身体を国家権力の精密な検査対象にし、より良い身体と健康を訓練によって育成したこと、つまり「体育」という概念が一般化したことであり、その出発が徴兵制と兵式体操であったとしている。また、集団体操は、身体の鍛錬、集団精神の培養とともに外部に対する宣伝の役割を果たしたこと、さらに皇国臣民体操によって「皇国臣民たる気魂の涵養」に努めたこと、兵力増強のための体力管理政策が展開されたこと、戦時生活体制での身体規律は、「日常的儀礼を通じて形成された」こと、「健兵」「健民」「健児」などの用語を社会の重要な議題として浮上させ、「健母」という用語まで作り出したこと、その貫徹を求める「肝に銘じる」という表現はまさに「権力の内面化」を示していること、これらを解体していくことが脱植民地化の課題であり、韓国の民主主義の課題であることが指摘されている。

2 ジェンダー：8

1) 性と権力関係の歴史 / 歴史学研究会 編. 青木書店, 2004.4. / 植民地期朝鮮における普通学校「不就学」とジェンダー / 金富子 著.

本稿は、植民地期朝鮮における普通学校への「不就学」がどのような権力関係の下で構築されたかに関して，就学を規定した要因としてジェンダーを軸に民族、階級との関連から考察したものである。2000年の学位論文の一部を「不就学」に絞って公開したものである。

2）植民地期朝鮮の教育とジェンダー / 金富子 著. 世織書房, 2005.5

本書は、著者の学位論文を加筆修正したものである。本書の出発点は、著者が長年関与してきた日本軍「慰安婦」問題の解決を求める運動にあった。彼女たちの多くが普通学校不就学または中退であったこと、しかもそのことを悔しいと思っていることを知り、こうした問題がどのような植民地社会の構造から生まれたのか問うことになる。確かに植民地期朝鮮において「書堂」から「普通学校」へという「教育の学校化」や普通学校就学者が全階層に及ぶ「就学の制度化」が進むのであるが、その中でジェンダー・民族・階級をめぐる要因が複雑に折り重なりながら圧倒的多数の朝鮮人女性を就学から排除していたこと、そしてこうした社会構造が日本軍「慰安婦」制度を創出していった大きな要因であることを明らかにしている。本書の最大の特色は、徹底してジェンダーの視点から、初等学校への就学・不就学の様態を分析した点であるといえる。

3）リーディングス日本の教育と社会. 第16巻 / 広田照幸 監修. 日本図書センター, 2009.5. ジェンダーと教育 / 木村涼子 編著. / 植民地教育とジェンダー 金富子 著

論文の構成を挙げると、「常態的不就学」こそが朝鮮人教育の現実、民族間の就学格差をもたらした＜民族＞要因、階級間の就学格差をもたらした＜階級＞要因、男女間の就学格差をもたらした＜ジェンダー＞要因、「近代」の衣を着た普通学校制度の「植民地性」、普通学校への就学(包摂)と不就学(排除)の両義性、というもので、上記2）で全面的に展開した「植民地朝鮮の教育とジェンダー」を課題にそって再考したもの。

4）継続する植民地主義とジェンダー：「国民」概念・女性の身体・記憶と責任 / 金富子 著. 世織書房, 2011.9.

本書は、著者の研究の出発点である「慰安婦」問題解決の為に活動し研究してきた中で2000年以降執筆された論考を集めた史論集である。第Ⅰ部：日本「臣民」・「国民」概念をめぐる植民地主義とジェンダー、第Ⅱ部：女性の身体をめぐる植民地主義とジェンダー、第Ⅲ部：継続す

る植民地主義とジェンダー・ポリティクスで構成されており、上記1）から3）の内容の再検証、再解釈を試みたものや、新たな資料やトピックにもとづく実証研究を含めた、「女性の身体」（「慰安婦」）をめぐる「植民地主義とジェンダー」に関する論考といえる。第Ⅰ部では、大日本帝国における兵役義務、参政権、義務教育制の検討から「臣民」が序列化されており、正式なメンバーは日本在住の日本人男性だけであって、朝鮮人女性は序列の底辺に置かれていたこと。同第2章では「植民地教育とジェンダー」を「教育版植民地近代化論批判」として論じており、「近代」の衣を着た普通学校制度の「植民地性」は、就学・不就学のいずれに対しても暴力として機能していたことを指摘している。第Ⅱ部では、「慰安婦」制度、公娼制度を主題として、「慰安婦」の戦時動員の具体相を、国外移動、強制労働、民族差別の観点から検討し、その連行では、就業詐欺・甘言、暴力的な拉致、人身売買など、戦前の刑法や国際条約に照らしても違反していることを指摘し、強制労働の面から見ると「性奴隷制に相当し、人道に対する罪に該当する」としている。さらに、解放後、公娼制度も「慰安婦」制度も日本が導入した制度としての「共通の記憶」を構成し、抗日ナショナリズムが後押ししていたが、朝鮮戦争を決定的な契機として、韓国社会に買売春が浸透し、売春女性への賤業視が拡散すると、公娼制度や「慰安婦」制度へのナショナリズム的批判は忘却されていったことを指摘している。第Ⅲ部では、女性国際戦犯法廷の意義と課題の提示、女性のためのアジア平和国民基金を拒否した韓国の支援運動を指弾した朴裕河著『和解のために』の全面的批判、最後に、在日朝鮮人女性の「慰安婦」問題解決運動に果たした役割などを考察している。

5）台湾女性研究の挑戦 / 野村鮎子, 成田静香. 人文書院, 2010.4 / 日本植民地体制と台湾女性医療従事者　游鑑明（坪田＝中西美貴訳）173-199

植民地期に台湾女性が伝統的観念を打破し、社会に参入する。そこに「植民地政府」の同化政策と近代化政策によるコントロールとして「新式教育」の実施を見る。その結果、専門知識を持つ女性が現れる。その事例として近代医療に従事した女医、産婆、看護婦を取り上げる。しか

し、これら三つの職業には、「植民地政策」による影響と階層的特徴を持っていたことが示される。看護婦と産婆は植民地政府の意図によって誕生したが、女医は、体制が養成したものではなかった。初等、中等教育を中心とする偏った女子教育政策によって、女医は台湾での医学教育によってではなく、日本への留学によって生まれた。それを実現できたのは裕福な子女に限られた。しかも、「良妻賢母養成」政策の中その多くは、家政、音楽、美術を選んだ。医学留学生で資格を取ったものは非常に少なく、資格取得後も民族性やジェンダーによる差別を受けた。開業医となった少数の女医を除くと多くは、医師と結婚し夫とともに開業した。同一民族の女医の地域での評判は高く、仕事は厳しいものの、多くの医師はやりがいを感じていたという。産婆・助産婦の養成では、当初日本人看護婦に訓練を行うのみであった。徐々に台湾人女性も講習を受けるようになり、産婆検定試験の合格者が増加する。台湾人産婆が日本人の数を超えるのは1939年以後であった。産婆は働き口が多かったため、開業する者が多かった。また、地方行政機構に雇用された公設産婆がいたが、地域の衛生指導など拘束が多く、長く勤める女性は少なかったという。看護婦についても、産婆と同じく、日本人看護婦の養成が優先された。1907年以後台湾人看護婦の養成を始め、徐々に広がった。日中戦争後医療従事者の増員につれ、台湾人看護婦が増えていった。しかし、その勤務先は、規模の小さな病院か、受け入れ可能な病院であった。日中戦争後は台湾外の戦地での医療救援活動が命じられた。民族差別や結婚したら退職という規定によって勤務期間は長くなかった。それゆえ多くは産婆などに転業した。少なからぬ看護婦の出身階層は産婆よりも高かったが、医療体制と仕事のため、その社会的地位は高くなかったという。これら女性医療従事者は伝統的束縛を脱して社会進出を果たしたものの、他の職業女性と比べると植民地体制下ゆえの束縛を受けたとしている。

6）ジェンダー研究が拓く地平／原ひろ子 監修；『原ゼミの会』編集委員会 編．／文化書房博文社，2005.6.／植民地台湾の処女会をめぐる
①ジェンダー・植民地主義・民族主義／宮崎聖子 著．
　本稿は、これまで植民地研究で注目されてこなかった「女性」という

観点から、台湾総督府が組織した台湾人処女会を事例に台湾人女性のエイジェンシーをとらえ、女性たちが植民地社会に変化をもたらしたことを明らかにしようとしたものである。処女会の構造を台湾州庁や総督府、ローカル・エリート、日本人公学校長、処女会の台湾人指導者、処女会会員、会員の保護者によるものと捉え、その中でジェンダーの階層構造と民族、経済階層の相互関連、関係者間の相互交渉を検討している。台湾州庁や総督府は、地方レベルにおける女性強化政策のターゲットを、日本語を習得した若い女性に求めた。処女会設立を主導したのは日本人公学校長であったが、その経費は街のローカル・エリートたちが負担していた。しかし女性蔑視の家父長的な考えをもっていたローカル・エリートは、街政を任されている立場上、資金を出したが、処女会に対する評価は高くなかった。会員にとって、処女会を指導した23歳の日本的「婦徳」の教育を受けた女性は、一つのロール・モデルであり、処女会は家庭にはない自由さを享受できる場であった。結婚後伝統的な嫁、主婦となったが、処女会員であったことは他人と自己を差異化する方途になりえた。会員の保護者は多くが富裕層であり、娘の処女会参加に容認あるいは反対であったが、世の中のこともわかった良い主婦になったという評価も生まれ、伝統的価値観と近代化の中でゆれることもあったという。こうして、処女会会員は一見植民地主義にしたがっているように見えるが、結婚後は従来の習慣を守る家庭の中に限定された。台湾人女性を忠良な臣民に養成するという総督府や台湾州庁の処女会政策は、その目的が達成されないまま彼女たちの自己目的に流用されて終わったとしている。

7）アジアの女性身体はいかに描かれたか：視覚表象と戦争の記憶 / 北原恵 編著. 青弓社, 2013.1.

①日本統治下の植民地の美術活動　ラワンチャイクン寿子

本稿は、植民地朝鮮、台湾、満州で共通に実施された官展（官設美術展覧会）、特に絵画に的を絞って統治側の政治性と作家たちのアイデンティティと近代性について言及したものである。支配被支配の関係を男性性と女性性という行為主体の（属性として）身体を捉える視点を提供している。帝展(帝国美術院展覧会)にならって創設された植民地官展

は、内地官展を頂点とした序列化、中央と地方という不均衡な関係性の中にあったし、現地の作家は、地方展という見方と独立した展覧会という考えの間で揺れ動くことになる。そして、朝鮮、台湾、満州は、日本との関係からいえば女性性の側に置かれ、常に男性性である日本から支配され表象される立場にあった。その中で植民地の作家が、「地方色」を求められながら主体的に自己表現していく点、言い換えればジェンダー構造を超えていく点に注目している。「地方色の両義性」として、植民地主義的な観点から解釈され、結果的に統治を正当化するイメージの一つになる作品でも、近代化を謳歌しながら自身の独自性を表出した作品として、民族主義的な観点から理解することもできるものもあることを指摘している。それは日本画においても見られ、当時の朝鮮や台湾での近代化が日本化だった一面を考慮すれば、和服女性像の描写は近代的な自己表現もしくは近代性の実験の一つではないかとし、植民地エリート層の子女が、日本のフィルターを通したねじれた近代化であっても、それを天真爛漫に謳歌していたことを裏付けるものだろうとしている。また、職業作家として自立する以外に道がなかった植民地の画家にとって、日本の統治そのもののありようを映す同質性を志向した作品の制作は、避けることのできない選択肢の一つの方向だった。とはいえ、迎合したわけではなく、近代性やアイデンティティを追い求めたともいえるとしている。

②植民地期韓国のモダンガールと遊女　金惠信 著

　本稿も朝鮮美術展覧会とその周辺の画家の作品の中からモダンガール＝新女性と遊女＝妓生の表象を取り上げ、その可視化と言説を検討したものである。韓国での美術概念の受容と実践、美術行政の成立とそれに伴う近代画壇の形成は、植民地化の初期に日本の美術学校で学んだ人たちから始まり、鮮展世代へと継がれ、その中から韓国近代美術のカノンに含まれる数多くの作品が生まれた。鮮展の入選作をはじめ、いわゆる韓国近代美術の先駆的作品に登場する女性像の中には、日本の同時期の絵画に見られるようなモダンな女性はそう多くない。彼女たちは洋風の家具が置かれた室内で洋風の服装に身を包んでいても、伝統的な美徳の囲いの中に安住することを要求された。植民地の表象空間に欠かせ

ないもう一つの女性像は妓生のイメージであった。伝統衣装で着飾った妓生のイメージには、植民地の画家たちが抱えていた分裂したメンタリティが投影されている。それは、帝国の他者として女性のジェンダー役割をさせられた植民地の文化知識人の自画像でもある。また、植民地を旅する支配国女性画家が描いた妓生は、コロニアリズムの男性性の言説に抗うものではないことを示しているという。新女性の「モダン」と妓生の「伝統」は、支配側と被支配側の行き交う眼差しに応えながら帝国による植民統治空間を彩り続けたと締めくくっている。

③近代化のための女性表象—「モデル」としての身体

　本稿は、ヨーロッパ、とりわけフランスに留学した日本人画家たちにとって、日本人女性を描くことがどのような意味を持ったのか、そして彼らが沖縄、朝鮮、台湾、中国に旅した体験からどのような女性表象を行ったかを考察したものである。日本人男性画家たちが女性の裸体を描くことを通じて西洋近代に参入したアイデンティティを築き、またそうした構造の中に参加することでアジアからの男性留学生たちも、近代化した自己を見いだしたこと、さらにそのようなエリート男性たちは、自らが洋服をまとい、ダンディな自意識を持つ一方で女性には伝統の服を装わせ、そうした「美人」のイメージを都市文化のアイデンティティの一つとして消費したこと、また日本を「進んだ北ヨーロッパ」になぞらえることで、「遅れた南」を見いだし、「朝鮮」や台湾をイタリアと比較しながら自己の立場を優位に保とうとしたことなどが明らかにされている。そして、当時の日本人画家や植民地のエリート男性画家たちがそれぞれのバックグラウンドの差異にかかわらず、近代社会におけるエリートとしての自意識を形成し、その一方で女性たちには伝統を表象する役割を持たせたとし、本当にアジアの女性たちに向き合い、描こうとしたのではなかったのではないかとしている。これは同じ植民地画家で和服を着た女性を主題に描いた女性画家が、日本人の審査員や観客が期待する「台湾らしい」表現についても理解し、日本人の意識を内面化して「他者台湾」の表象として描きながらも、自己を対象に重ねて「自己台湾」の表象としても描くことができたことと対照的に述べられている。

④古沢岩美が描いた「慰安婦」 北原恵 著

　本稿は、日本の敗戦直後の占領期に描いた画家古沢岩美の作品群、慰安婦や妓生、朝鮮人女性の表象をジェンダーやセクシュアリティー、ナショナリズムの視点から分析し、彼の朝鮮・中国体験を追うことによって、《なぐさめもだえ》という作品を敗戦直後の日本人男性の主体構築の問題として考察したものである。「パンパンと原爆の表象」では、どんな美しい肉体もやがて滅びることや現世の虚しさを説く教訓、さらには「虚栄」に対する警告を示し、原爆を描いた作品では荒涼とした風景に裸体女性が配置されているが、そこでは、敗戦と占領を経験した日本人男性にとって、もはや自分たちが抑制できないかのように思われた「女性のセクシュアリティの噴出」に対する恐れがあり、同時にそのようなセクシュアリティへの懲罰と封じ込めが示されているという。「朝鮮人女性・妓生」に対しては、朝鮮での生活体験から朝鮮人の若い女性をオリエンタリズムに満ちた性的眼差しで見つめていたことを指摘している。「中国戦線での慰安婦表象」では、清潔な美少女から、札束を片時も離さない不潔・病気で不気味な存在に変貌していること、《素絲哀》の慰安婦は、もはや一方的に男から眼差されるだけの受け身の存在ではなく、男たちを覗き見し、脅威を与える存在として描かれていることを示している。「なぐさめもだえ」は湘桂作戦で日本軍24万の内、行軍と栄養失調で8万までが干からびて死んでいった修羅の中で「ふてぶてしく」生き続けた慰安婦が主題になっており、顔をそむけてしまうにはあまりに深刻な世界から次代の倫理や道徳は否応なしに作られていく、という古沢自身の言葉が示される。そして20世紀の戦争を「無機物」と「人や馬」とを操る者同士の対決と捉えた古沢が、将来は無機物編成の虚構の世界に進んでいくと主張していることから、《なぐさめもだえ》を解釈している。古沢にとって男性はみな身体的・精神的な「欠損」を抱えた存在であった。古沢の作品には、戦争の記憶と負けた日本兵という主体の再構築の過程が鮮やかに刻印されていると締めくくっている。

⑤日本映画にみる〈在日〉女性と朝鮮人〈慰安婦〉、その声の不在 / 高美哿 著

　本稿は、「サバルタンは語ることができない」という問題を日本映画

における在日女性と従軍慰安婦の表象と声の扱われ方という視点から考察したものである。戦後日本における在日の政治運動はおおむね、一世の男たちの民族主義を原動力として、日本の帝国主義と構造的差別を批判すると同時に、植民地支配によって損なわれた男性性と民族的アイデンティティの回復をめざす、男たちの運動として発展してきたといえるだろうとし、日本映画における在日表象でも、このような男性中心の傾向は強く反映されていると指摘している。また、『日本春歌考』では、在日の「女の声」と「民族の声」の相克を在日女学生が歌う「満鉄小唄」という春歌を通して提示し、女の声で男たちへの批判を試みるだけでなく、1960年代のベトナム反戦運動や新左翼運動にもシニカルな批判の目を向けているとしている。しかし、インターナショナリズムの名のもとに「抑圧民族としての日本人」という歴史性を括弧に入れ、マイノリティの問題を従属的かつ利用主義的に扱ったと非難される、日本の新左翼運動に内在した問題をすでに告発していたともいえるのではないかとしている。その批判は、また、国家権力とそれに荷担する「日本人」糾弾にマイノリティを動員する大島渚自身にも跳ね返っているとしている。そしてこの作品を「女の声」から見ると、男の性的欲望の対象としての女であり、発話主体としては女ではなく、男の言葉を伝える媒介としての身体であり、女の経験を語る（男の暴力を批判する）声を奪われているとしている。「映画の中の慰安婦表象」では、多くの場合、慰安婦と日本兵はきわめて友好的に、時には同志のような関係を築いているかのように描かれている。岡本喜八の『血と砂』も例外ではない。また、『春婦伝』の原作者田村泰次郎には、ロマンティズムやオリエンタリズム的な視線、人種差別や性暴力を無化するきわめて植民地主義的で男性中心主義的なセクシュアリティ表象が見られるとし、それを映画化した鈴木清順『春婦伝』も原作に忠実につくられているとしている。しかし、清順版には、「慰安婦」春美の欲望・記憶を男の語り手に属するものではなく、あくまでも春美を主体として描こうとしているようにみえるとし、「男性言説」の物語に亀裂を生じさせているとしている。

8）台湾映画表象の現在（いま）：可視と不可視のあいだ／星野幸代，洪郁如，薛化元，黄英哲 編．あるむ，2011.7.／植民地モダニティ再考 簡偉斯（『跳

舞時代』監督)／演じられた「新女性」郭珍弟(『跳舞時代』監督)／「跳舞時代」の時代—台湾文学研究の角度から　星名宏修

　『跳舞時代』という映画を作った簡偉斯と郭珍弟の両監督による二つの「植民地近代論」とそれらに対する批判を展開した星名論文が収録されている。『跳舞時代』では、最新流行のものを着て社交ダンスを踊る身体を呼び覚まし、「跳舞時代」という流行歌の歌詞が若者の自由恋愛に対する憧れを呼び起こしている。簡偉斯によれば『跳舞時代』の描く植民地の歴史の焦点は、その歴史と大衆文化が接触したこと、科学技術の発展が都市を大衆文化発展の拠点として、モダンでポピュラーな新知識文化を先導したことであった。それは、「人々の生活こそが文化の内包であり歴史の真の血肉」だからで、これまでの台湾での日本統治期の歴史叙述においてこうした角度から歴史を書いたものが大変少ないからだという。また簡偉斯は、「台湾には元々純粋な台湾の本質などというものはない」とし、「外来強勢文化の支配と普及に反抗するのみでなく、『在来性』が生存する空間を創造する」とし、「植民過程における文化混淆」は「植民地政治が意図した圧迫構造を完全に超越している」という。郭珍弟は、20世紀初頭の台湾における「自由恋愛」と「民主政治」の出現が資本主義商業体制と大衆ポピュラー文化の交流という背景の下にあったが、それらを享受できたのは「財産を持った知識エリートが主だった」とし、作られた「アイドル」として時流をリードする「新女性」は、日常の行動・振る舞いすべてを「都会の流行の指標性」を強く帯びることになる。そうした「新女性」を演じた女性歌手の悲哀について語っている。

　星名論文は、特に簡偉斯の視点に対して、「人々の生活の角度から」、「植民地にされた悲哀」を論じた台湾文学研究の成果がいくらでも挙げることができるとして、植民地期の文学作品に描かれた台北表象を検討している。

　1905年の「台北市区計画」によって、城内とその周辺が日本人居住地区、艋舺(モウコウ)と大稲埕(ダイトウテイ)が台湾人地区とされ、差別的資源配分が行われることになった。これは1930年代になっても変わらなかった。しかし日本人の居住分化と不公平な資源配分は、台湾人のアイデンティティ形成を促すことになった。こうして都会生活の輝き、派手さ、効率性や街頭文

化の楽しみや興奮に対する熱の入った描写が生まれるが、そこではしばしば不均等の現実を隠蔽していた。不均等は、植民者と被植民者の間の差異においてもたやすく認められ、都市の中でも、男と女、民衆と大衆の立場の違いの中に同様にたやすく認められた。このような不均等な現実の隠蔽について、「跳舞時代」を「黄金時代」と高く評価するドキュメンタリー映画『跳舞時代』にも向けられるべきではないかとし、モダンな都市文化の背景として厳として存在する格差と貧困を当時の作品から明らかにしている。

Ⅱ. 論文の概要

1　統治政策：4

1）太田　悠介．シディ・モハメド・バルカ『例外的身体 -- 植民地権力の技巧と生の破壊』を読む / Quadrante : Areas,cultures and positions / 東京外国語大学海外事情研究所 [編]． / 東京外国語大学海外事情研究所, 1999-2008.3 571 〜 590

本稿は、太田悠介による、モハメド・バルカの標記著書の紹介である。1830年のフランスによるアルジェリア征服開始以来、被植民者はバルカが「例外的身体」と名づける法的な地位におかれた。この「例外」を「恒常化」、「常態化」するという矛盾した状態にある場、それが植民地であり、あたかも被植民者の肌に「例外状態」が刻み込まれているかのように、「例外状態」を生きることを強いられる。それは恣意的な判断によるものであり、被植民者は「道徳的な生」の基準に達していないが故に、政治的な権利を付与しないことは正当であるというものである。その時、「非道徳的」とされる被植民者には、「怠惰」、「死体趣味」、「性的倒錯」、「カーニバリズム」などあらゆる否定的なイメージが投射された。「道徳的な生」に見合わないというこの被植民者の文化的な遺産があたかも生物学的な形質のように遺伝するとしたところに、バルカは植民地国家の狡知を見る。被植民者の解放は、あらゆるものの平等を実効的なものにする実践にあり、こうした「例外的身体」からの脱出であり、解体に他ならない。それは、1960年代まで残されており、その表出が

パリでのデモ行進であり、警察の強力な弾圧であった。「生の破壊」はまさに正当な要求をするものを死に追いやったのである。植民地主義は継続していた。

2）三瀬 利之. 帝国センサスから植民地人類学へ -- インド高等文官ハーバード・リズレイのベンガル民族誌調査に見る統計と人類学の接点 / 特集 統治技術から人類学へ 民族學研究 / 日本民族学会 編. 64(4) 2000.03 474 〜 491

本稿は、人類学研究の一つの課題として、19世紀の統計学による印刷された数字の氾濫が及ぼした人類学への影響を検討したもので、「植民地と身体」の関わりを主題としたものではないが、統治技法としての統計、身体計測技法に言及しており興味深い。本稿はまず、行政官ハーバート・リズレイ（1851-1911）の「ベンガル民族誌調査」（1885-7）がセンサス（国勢調査）という＜統治技術＞から＜人類学＞への重要な結節点にあることを論じている。それは、センサスによる職業統計とカースト統計の整理と分類の必要とその背後にある事実を解明する特別調査がリズレイのよる「民族誌調査」として実施され、行政的価値と共に当時の人類学理論の試金石になるという科学的価値を持つものとして実施されたことだという。またその中で質問紙法と共に植民地人類学のもう一つの柱となる「身体測定技法 Anthropometry」が容易に変更できない身体の形質のその測定（頭蓋骨の形、中でも鼻の形）による人種の違いの特定とカーストの関係に科学的装いを与えたことを指摘している。つまり、調査の結果、征服人種であるアーリア人種が先住人種であるドラヴィダ人種よりも社会的地位が高いことを示しているが、被験者の選択において例外的事例は削除されるという恣意性が指摘されており、漠然とした印象を統計に還元するものであったという。しかし身体測定による科学的分類もその後に、センサスで完全に実用化されるには至らなかったという。著者は最後に、統治技術としての統計は、統治という目的に不要な人々の諸属性をそぎ落として、権力を働きかける起点となる統計的実体を統計表に作り上げると述べているが、それは、統計学と人類学の関わりを究明する課題であるばかりではなく、「近代」を問う視点として、重要な指摘であると思われる。

3）脇村 孝平. 汚れた水と穢れた身体：植民地都市カルカッタにおける「衛生改革」の帰結 / 特集 歴史のなかの「貧困」と「生存」を問い直す：都市をフィールドとして (3) 歴史学研究 / 歴史学研究会 編. 青木書店 (888):2012.1 1-12

周知のように植民地における衛生改革は、植民者のための疾病対策、とりわけ伝染病対策として実施される。インドにおける 19 世紀後半における衛生改革もそのような側面をもっていた。本稿は、19 世紀後半のカルカッタにおける衛生改革の中で、清掃人カーストであるメータルによる屎尿処理対策として乾式便所が定着していく状況を標題のような比喩的表現で示したものである。1870 年代半ばから 1880 年代にかけて英領インド全域では、統治のための費用を節約するため、都市及び県に自治制度が導入され、公衆衛生など一部の行政が自治体の管轄とされた。ベンガル人が多数を占めるカルカッタの自治体では、ヨーロッパ人の称する衛生改革にあまり熱心でなかったこと、ヨーロッパ型の衛生改革に関わる費用負担の問題があったこと、上水道普及を前提とする下水道処理にはむりがあったことなどから衛生改革が進展せず、その結果、上述の屎尿処理対策が定着したことを指摘しており、最後にこのことの意味を汚れた水の問題を解決するために、汚れた身体（社会的に差別された階層）による屎尿処理という方法が選ばれたといえるとしている。そしてカーストをめぐる伝統的な社会関係について残存してきたと言うよりも、むしろ英領期に再定義され、ある意味では固定化され強化されたという経緯との関わりなどが今後の課題として指摘されている。

4）脇村 孝平. 植民地統治と公衆衛生 -- インドと台湾 / 方法としての身体 / 思想. 岩波書店 (通号 878) 1997.08 34 〜 54

著者は、まず、医学と公衆衛生の発展が、いわゆる帝国主義の時代に起こったことは単なる偶然ではなく、これらが単なる『帝国主義の道具』であっただけではなく、むしろ植民地支配の正当性を示す、ある種のイデオロギーとして機能したことを指摘している。著者はインドと台湾の公衆衛生政策を比較して、インドでは、イギリス人社会には衛生政策が徹底されたが、インド人社会では衛生政策が末端まで浸透しなかっ

たのに対して、台湾では「甲保制度」を利用して、日本人社会のみならず台湾人社会においても末端まで衛生政策が浸透していったことを指摘している。前者はオリエンタリズムと関連する「近代化」(=「文明化」)が伴う「価値の序列」として展開した事例とし、後者は、植民地支配における「権力関係」の本質的要素として機能した事例であるとし、いわば「身体」の管理・監視を通して、植民地被統治者の「社会管理」を進めてゆく装置として機能してゆくものとなったとしている。インドでは、植民者の認識の枠組みとして、現地住民を自らとは区別し、「差異化」するところにその特徴があったのに対して、台湾では「差異化」よりは「同質化」の論理がより強く働いたといえるのではないかとしている。両者の相違の背景として、まず植民地の絶対的な規模の違い、大陸的な規模の地域と一小地方の規模と人口規模の相違、また間接統治と同化主義の違いなどを指摘している。さらに、台湾の場合は後藤新平の「衛生」思想の影響を指摘しており、今後の課題としている。しかし、前記1930年代の台湾文学を論じた星名論文での台湾状況はそれほど「同質」ではなかったようであるが。

2　舞踊・身体表現：1

陳　雅萍 . 鈴木　雅恵　訳 . 解放と統制 -- 初期台湾モダンダンスにおける植民地的近代と女性の舞踊身体 ／西洋比較演劇研究日本演劇学会分科会西洋比較演劇研究会 , (9) 2010 67 〜 79

本稿では、日本植民地下に生まれた台湾における近代舞踊(モダンダンス)は必然的に、政治的・イデオロギー的な枠組みの中に植え付けられたのであり、台湾の先駆者たちの舞踊家としての身体は、解放と統制という、多くの文化圏の近代舞踊の形成期に見られる二重の役割とともに、二十世紀のアジアにおける唯一の帝国・日本による支配下にあった台湾の植民地的近代化の証人となったことを、近代舞踊による女性の身体の解放、西洋列強の間にあったアジアの近代化の歴史の反映、植民地的近代による「啓蒙」というレトリック、という互いに絡み合った三層の論説を検証するものであるとしている。しかし、章も節も見出しもなく、論文としての基本的形式をとっておらず、構成がつかみにくい文章であった。大枠として4つから構成されているように思われる。まず上

記のようなねらい（問題の所在）を述べている序に当たるところで、これを1）とすると、2）では、植民地近代と教育・体育、3）では30年代後半の台湾人ダンスの先駆者とその思想、4）がおわりに（解放後への連続性）に当たる部分となっている。さらに加えれば、2）では日本帝国にとって生産性のある一員とするための体育教育の重視による身体能力の「近代化」と伝統的身体観の解放（纏足）について主に述べており、3）では、①上流台湾人女性がダンスに好印象をもっていたこと、②戦時下の国民舞踊の形成と普及、③二人の台湾人舞踊家の作品分析などが織り込まれている。戦時体制下における「国民舞踊」の形成と関わり、自由主義的であった舞踊家たちが日本という国家集団の一部であるということと、芸術を創造する個人であることとの間に葛藤はなかったのかと問いながら、同じ疑問を台湾人舞踊家たちにも投げかけているが、結局、植民地近代という「遅れてきた啓蒙主義」の中で日本人になることは運命であり、被植民者が進歩性や近代性を得るための唯一の手段であったし、植民地支配者に追いつくには、彼らと同化するという過程をたどることが、道徳的に強要されたともいえるとしている。

3　文学：1

可児　洋介．金史良「天馬」における身体表象／学習院大学人文科学論集／学習院大学大学院人文科学研究科[編]．(通号 20) 2011 127-156

本稿は、第10回芥川賞候補作「光の中に」を執筆した金史良の「天馬」の構造分析を試みたものである。この作品は、植民地末期の京城に在住し、日本語で創作を行う朝鮮人作家・玄龍の精神が崩壊する様を戯画的に描いた短編である。可児は、主人公玄龍の身体が植民地末期の京城という都市空間においてどのように表象されているかを分析し、この京城という舞台で矮小化と肥大化を行き来する玄龍の抑圧された身体を見いだしている。すなわち、日本人街にある玄龍の身体は抑圧により狗、鼠、南京虫へと萎縮してしまう。朝鮮人街へ接近するだけで兎にまで回復し、朝鮮人街の中に入ると文字通りの意味でほぼ身の丈に表象される。翌日日本人街に赴く玄龍の身体は、いったんは収縮するかに見えるが、防衛機制のたがが狂気によって外れ暴走し牛までに肥大化する。ここに都市という日々の生活空間までもが支配的なイデオロギーとして機

能し、生活者の心身を当人にさえ自覚され得ないような巧妙さで脅かしつづけている現実を暗に告発していること、黄金通りを境に「内鮮」すなわち「内地人」と「鮮人」は、一体どころか完全に区分されていたこと、そして、本町からは京城であることを窺わせる一切の要素が排除されていることなどが指摘されている。しかし、作品内のジェンダー問題への言及は課題としている。

4 ジェンダー：1

荒木 純子．初期ピューリタン植民地における想像力・身体・性差の境界 -- アン・ハッチンソンの裁判をめぐって / アメリカ研究．アメリカ学会．(通号 32) 1998 127～144

十七世紀中葉アメリカ、マサチューセッツ湾植民地で起きたピューリタンの宗教論争を発端とした「魔女」裁判の経緯を考察したものである。宗教論争の焦点は、正しい行動が救済の証となるかであった。必ずしもそうではないという教えにしたがったアン・ハッチソンという女性が自宅で宗教集会を開きこの思想を教えていた。これを理由にハッチソンは「異端的思想を持っている」として宗教裁判にかけられる。教会からは破門宣言を受け、植民地からの追放を命じられる。著者はその裁判記録をもとに、「才気走った恐れを知らない女性」が「魔女」として裁かれていく過程を解明している。そこでは、宗教論争であったはずのものが、妻、信徒、被統治者の個々の分が問われ、妻としても、信徒としても、被統治者としてもふさわしくないとされたことが明らかにされる。当時の神の摂理とは神が男性のためになるように物事を起こして知らせてくれることであったということであり、分をわきまえていない女性は男性にとって把握できない、恐怖感と想像力をかき立てる存在だった。ピューリタン社会はもともと父権的ではあったが、ハッチソンが初めて女性としてふさわしくないという結論が出たと同時に、女性と男性との間の境界が再認識され、洗練され、言語化されていることの意味は大きいとしている。

VI. 気になるコトバ

戸籍・国籍・日本人

佐野通夫＊

日本国憲法施行直後の「憲法」の教科書は、大日本帝国憲法との対比の中で、国民の中の身分について記している。たとえば、1962年改訂初版第1刷発行(参照したものは1970年改訂3版第3刷)の宮沢俊義『憲法』(有斐閣全書)には、「国民の種類」として、次のように記されている (p.91)。

明治憲法の下では、日本人のうちに、次のような種類があった。

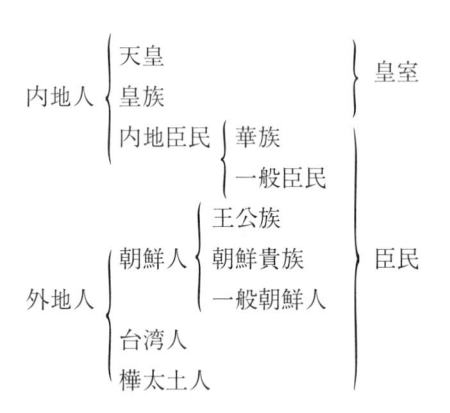

```
        ┌ 天皇                    ┐
        │ 皇族                    │ 皇室
内地人 ─┤                         ┘
        │ 内地臣民 ┌ 華族         ┐
        └          └ 一般臣民     │
                  ┌ 王公族         │
        ┌ 朝鮮人 ┤ 朝鮮貴族       ├ 臣民
外地人 ─┤        └ 一般朝鮮人     │
        │ 台湾人                  │
        └ 樺太土人               ┘
```

そして、「日本国憲法の下では、朝鮮人・台湾人および樺太土人は、もはや存ぜず」として、皇室典範等における「天皇および皇族」についてのみ記している。しかし、「日本国憲法の下では、朝鮮人・台湾人および樺太土人は、もはや存」しなかったのだろうか。

＊こども教育宝仙大学

1945年12月17日、日本国憲法制定のための帝国議会選挙のための「衆議院議員選挙法中改正」が公布される。その付則には「戸籍法ノ適用ヲ受ケザル者ノ選挙権及被選挙権ハ当分ノ内之ヲ停止ス」とされている。ここでいう「戸籍法ノ適用ヲ受ケザル者」とは、上記宮沢整理のうちのの天皇、皇族と外地人となる。周知のように、上記、外地人のうち、朝鮮人とは朝鮮戸籍（朝鮮戸籍令（1922年12月18日朝鮮総督府令第154号））に記載される者、台湾人とは台湾戸籍（本島人ノ戸籍ニ関スル件（1933年1月20日台湾総督府令第8号））に記載される者であったからである（樺太アイヌは、1932年、内地人になり（1932年勅令第373号）、他の樺太先住者は1943年の樺太の内地編入（1943年法律第85号）の際に内地人になった）。この朝鮮人、台湾人とは戸籍の記載が問題であり、婚姻、養子縁組などにより、戸籍を移動した者は、民族と関わりなく、朝鮮人、台湾人とされ、出自を表すものではなかった。ちなみに、天皇、皇族は皇統譜に記されている。朝鮮人、台湾人は、この改正の施行までは日本国内に居住する者にあっては、選挙権、被選挙権を有し、実際に議員となった者もあった。この改正により、1946年4月10日、総選挙（いわゆる婦人参政権の行使といわれる選挙である）が行なわれ、5月16日、第90回帝国議会（臨時会、「憲法議会」と称される）が召集された。

　日本国憲法施行前日である1947年5月2日、最後の勅令である「外国人登録令」が施行された。その第11条は、「台湾人のうち内務大臣の定めるもの及び朝鮮人は、この勅令の適用については、当分の間、これを外国人とみなす」と定めている。ここで「外国人とみなす」とあるのは、日本国政府はあくまで台湾人、朝鮮人を日本人（日本国籍者）としているからである。しかし、「外国人登録」であるから、「国籍」欄がある。そこに「朝鮮半島の出身者（実際には、朝鮮戸籍に記載された者）である」ことを示す「記号」として「朝鮮」と記した（台湾について同じ）。これが現在の「朝鮮籍」の始まりであり、朝鮮民主主義人民共和国を示すものでもなければ、この時点では南北の分断を示すものでもなかった。

　この間、1947年4月12日には、文部省学校教育局長「朝鮮人児童の就学義務の件」が出され、「朝鮮人は日本国籍であるから日本の学校に就学せよ」として、朝鮮人の日本国籍を強調していることも覚えておきたい。

翌1947年5月3日、日本国憲法が施行された。その第10条には、「日本国民たる要件は、法律でこれを定める」と明記されている。宮沢のいう「日本国憲法の下」の始まりである。

1948年1月24日、文部省学校教育局長から、文部省大阪出張所長、都道府県にあてて「朝鮮人設立学校の取り扱いについて」という通達が出される。

1、現在日本に在留する朝鮮人は昭和21年11月20日付総司令部発表により、日本の法令に服しなければならない。
従って、朝鮮人の子弟であっても学齢に該当する者は、日本人同様市町村立又は私立の小学校、又は中学校に就学させなければならない。

上記、宮沢の言と異なり、日本国憲法施行後においても、日本国政府にとっては、朝鮮人、台湾人は日本国民であったのである。そして、この1948年、49年、朝鮮学校に対する大弾圧がなされ、朝鮮学校は強制的に閉鎖され、あるいは公立朝鮮人学校とされた。

日本国政府が、朝鮮人、台湾人を「外国人」として扱うのは、(第2次)安倍政権が「主権回復の日」と称するサンフランシスコ講和条約発効日、1952年4月28日であった。前記日本国憲法第10条の規定にもかかわらず、法務府民事局長通達は、「条約発効の日から…朝鮮人及び台湾人は、内地に在住している者を含めてすべて日本国籍を喪失する」と記した。ここで、「内地に在住している者を含めて」という文言にも注意していただきたい。逆に言えば、「朝鮮・台湾にいる者も」ということである。既に、1948年8月15日、大韓民国が、同年9月9日、朝鮮民主主義人民共和国が創建され、1945年10月25日に「中国戦区台湾地区降伏式」がなされ、台湾が中華民国に帰属することとなっているにもかかわらずである。

また、この民事局長通達により、朝鮮人は日本国民でなくなったとされ、接収されて「公立朝鮮人学校」とされていた学校に「公費」を負担する理由がないとされ、各学校は自主学校として運営された。

植民地期における差別は「戸籍」を基準になされた。サンフランシスコ講和条約発効後は、それが「国籍」という名に変わった。「戸籍」とは何か、「国籍」とは何か、「日本人」とは何か、気にしなければならない言葉である。

なお、国籍と戸籍について、遠藤正敬氏の『近代日本の植民地統治における国籍と戸籍－満洲・朝鮮・台湾』(明石書店、2010年)がある。本年報第13号の書評で記したように、戸籍の機能の理解について、筆者と若干見解を異にする点はあるが、植民地と日本の国籍・戸籍に関する詳細な研究書である。合わせて参考にされたい。

Ⅶ．特別寄稿

鄭在哲『日帝時代の韓国教育史』の翻訳刊行

佐野通夫＊

　このたび、1985年に刊行され、1999年、当時、植民地教育史年報、植民地教育史叢書、植民地教科書の復刻をセットで考えていた故・小沢有作先生に翻訳を命じられた鄭在哲『日帝時代の韓国教育史』（ソウル・一志社）の翻訳書をようやく上梓することができた。本書の意義、刊行までの曲折は次に掲げる「訳者あとがき」、および刊行時、韓基彦、金仁会の韓国教育史学界の両巨頭によって記された書評のとおりであり、著者の思いは「日本語版への序文」（これは著者が日本語で寄せられた）、「はじめに」のとおりである。訳者の怠慢により原著刊行から30年近くを経てしまったとはいえ、本書日本語版刊行の意義は少なくないと考えている。本稿を目にされた1人でも多くの方に、専門にかかわらず、本書を手に取っていただきたいと考える。植民地支配を韓国人がどう考えているかが良く分かることと信じるものである。そして、それは、政権が歴史を消してしまおうとしている現代において、大きな意味を持つものと確信する。一方、専門を同じくする方からは、翻訳の不十分なところなどをご教示いただくことができれば、幸いである。

・・・・・・・・・・・・・・・・・・・・・・・・・・・・・・・・・・・・

日本語版への序文

　このたび、拙著『日帝의對韓國植民地教育政策史』の日本語版が『日本植民地教育の展開と朝鮮民衆の対応』および『近代日本の教育と朝鮮』の著者佐野通夫教授翻訳によって、そして『植民地教育史研究年報』（日

＊こども教育宝仙大学教員

本植民地教育史研究会)、『皇国の姿を追って—教科書に見る植民地教育文化史—』(磯田一雄)、『「満州」オーラルヒストリー〈奴隷化教育〉に抗して』(斉紅深編著　竹中憲一訳)などを出版した皓星社で刊行される事が出来てまことに嬉しく思う次第である。

　本書が去ぎし時代皇国史観に立脚した偏向教育によって形成された韓日両国民の偏見を克服、韓日関係を正しく且つ客観的に認識し、両国民の恒久的平和と繁栄に一助出来得る事を期待する。

　ご多用中立派に翻訳してくださった佐野通夫教授のなみなみならぬお骨折りと、出版界の難しい事情に拘らず本書の出版をして下さった皓星社藤巻修一社長に心からの深い感謝の意を表したい。

　　　　2013年4月16日
　　　　　　　　　　　　　　　　　　　　　　　　　　　鄭在哲

・・・・・・・・・・・・・・・・・・・・・・・・・・・・・・・・・・・・

はじめに

　この本は日本帝国主義が韓国で彼らの植民地主義教育政策をどのように扶植し、また、恣行したのかについて歴史的に考察したものである。

　日帝下の韓国教育についての研究は、日本帝国主義による植民地主義教育の扶植と恣行、日本植民地主義教育に対する韓国国民の抵抗、そしてその両者を止揚して生成された韓国国民の民族主義的教育活動などを省察することを通して当時の韓国教育を全体的統一的に把握しなければならない。しかしこの本では、その対象が時間的に長期で、内容的に広範なために、韓国国民の教育的抵抗と民族主義的教育活動に関する考察は除外した。

　筆者はこの本で4つの課題を究明するために努力した。

　第一は近代日本人の韓国経略に関する意識構造的背景を明らかにすることである。日帝の対韓国植民主義教育政策は明治政権が樹立された瞬間から韓国侵略を画策し、また侵奪する過程において彼らの一貫した韓国経略論の基調によって、それを具体化させていったものであると指目され、したがってこれに関する考察は近代および現代の韓国史研究者に

与えられた一つの課題となる。

　第二は日本帝国主義および日本植民地主義の実体を把握することである。従来、日帝下の教育史研究がこれに関する本格的な検討なしに論議された点と関連して、皮相化ないし枝葉化されていたことを否定することはできない。したがって当時の日帝の教育政策が日本帝国主義体系の構造的一環に編入され、他民族同化の道具として利用されたという認識を基礎に、これら実体に関する考察が日本植民地主義教育を研究するもう一つの先行課題として扱われなければならない。

　第三はアジアの様々な民族に恣行した日本植民地主義教育の基本的特質に関して考察することである。蝦夷地開拓、琉球奪取以来、日帝の他民族支配手段は政治的に奴隷および経済的搾取とともに植民地民族の亜日本人化にあったために、彼らによる教育は被支配民族の民族魂抹殺と日本人意識の注入であった。それはアイヌ、沖縄、台湾、韓国、満州、中国中北部（華北）、東南アジア等の様々な民族に波及し、そのような一貫した基調の下に韓国での日本植民地主義教育も恣行されていたことを認識しなければならない。

　第四は日帝の対韓国植民地主義教育の扶植およびその恣行を掘り下げることである。日帝の植民地主義教育40年の歴史は韓国国民にとっては非教育また、反教育の徹底化の過程にならざる得なかった。そのような非教育性が具体的に教育政策、教育方針、教育課程、教科書、教育方法などにどのように現れるのかについて解明することが、この本の核心になることは言うまでもない。

　この本が発刊されるまでは長い歳月とともに多くの方々の協力を得た。資料の提供と蒐集に協力して下さった金昌柱・洪德昌両教授、出版を斡旋して下さった中央大学校文理科大学長金秉喆教授、そして出版を快く引き受けて下さった一志社金聖哉社長と編集を担当して下さった編集部のみなさま、あわせて校正と索引作成に協力して下さった韓奎元教授と崔香順・劉鎔植両助教そして私の娘鄭秀卿にも深甚な謝意を表する。

　　　　一九八五年一二月一〇日

　　　　　　　　　　　　　　　　　　　　　　　　　鄭在哲

訳者あとがき

　本書の著者、鄭在哲先生は、著者略歴にもあるように、中央大学校教授として、師範大学長（日本でいう教育学部長）、教育大学院長、大学院長等を歴任され、学外にあっては韓国教育史研究会長、韓国教育学会長等を歴任された韓国教育史学界の中心的人物である。

　本書を、韓国における解放後、韓国教育史学の流れに位置づけてみたい。韓国においては解放後から民族的観点から植民地教育のとらえ直しが行なわれた。その嚆矢を李万珪『朝鮮教育史』（上）（下）（ソウル・乙酉文化社、1947年）とすると、解放後から1960年代までは、自らの歴史観に基づいた教育史を描くことができるようになり概説が描かれた。朴尚萬『韓国教育史』（ソウル・大韓教育聯合会、1957年）に続いて、1963年、韓基彦『韓国教育史』（ソウル・博英社）が出され、翌1964年、呉天錫『韓国新教育史』（ソウル・現代教育叢書出版社）が刊行された。

　1970年代は植民地政策に対抗する朝鮮人の教育活動が掘り下げられた。孫仁銖『韓国近代教育史－韓末・日帝治下の私学史研究』（ソウル・延世大学校出版部、1971年）、車錫基『韓国民族主義教育研究』（ソウル・進明文化社、1976年）、盧栄沢『日帝下民衆教育運動史』（ソウル・探求堂、1979年）が出されるなど、韓国の1970年代の研究活動は民族主義、民衆運動の側から植民地期の教育活動を明らかにしようとした時代であった。

　1980年代は、これらを総合した視角が取り入れられた。そこに登場したのが、本書、鄭在哲『日帝の対韓国植民地教育政策史』（ソウル・一志社、1985年）であり、551ページの大著で、教育法令を軸に日本の植民地教育政策を明らかにした。他には、安基成『韓国近代教育法制研究』（ソウル・高麗大学校民族文化研究所、1984年）、康吉秀『韓国教育行政史研究草』（ソウル・載東文化社、1980年）が出され、韓国の1980年代の研究活動は教育政策史・行政史の側面から日本の植民地教育政策を改めて明らかにした時代であるということができよう。

　韓国の1990年代は若手研究者が活躍している。韓祐煕「日帝植民統治下朝鮮人の教育熱に関する研究－1920年代公立普通学校を中心に－」

(ソウル大学校教育史学会『教育史学研究』第2・3集、1990年)、古川宣子「日帝時代初等教育機関の就学状況－不就学児童の多数存在と普通学校生の増加－」(同上、同年)、呉成哲『植民地初等教育の形成』(ソウル・教育科学社、2000年)、崔由利『日帝末期植民地支配政策研究』(ソウル・国学資料院、1997年)、丁仙伊『京城帝国大学の研究』(ソウル・文音社、2002年)のような個別研究が現れた。

　本書は、1986年、「今日の本」選定委員会(委員長姜萬吉)が選定した「今日の本」22巻の1巻に選定され、また、同年の文化公報部推薦図書にも選定され、1989年度には、それまで5年間受賞対象者なしであった韓国教育学会学術賞を受賞するなど、韓国内での高い評価を受けた。また、著者、鄭在哲先生は、2001年、第11回天園(呉天錫)教育賞を受賞している。

　本書の著者、鄭在哲先生には私のソウル留学(1983年10月)の前に東京でお目にかかり、私のソウル滞在中はもとより、帰国後、日本で大学教員として働き始めてからも、ソウルに行くたび、諸般お世話になった。

　1985年に発行された本書原本を、私は1988年正月に、中央大学校大学院長室で著者署名入りでいただいた。日本の朝鮮植民地教育政策を振り返るとき、資料集としても使いごたえのある本だと感じたが、翻訳出版までは考えていなかった。

　本書の翻訳を提起されたのは、1999年、故・小沢有作先生とともに、ソウル大学校大学記録管理室金基奭室長(当時)を訪ね、植民地教科書の復刻を相談した折りだった。当時、植民地教育史研究年報、植民地教育史叢書、植民地教科書の復刻をセットで考えていた小沢先生から、本書を翻訳せよとの命を受けたのであった。

　しかし、大部な本書の翻訳は私の怠惰から遅遅として進まず、本書の翻訳稿を皓星社に預けたのは2008年のことであった。現今の出版事情の中で、さらに難しくなる本書の出版にしびれを切らした鄭先生が来日され、皓星社・藤巻社長との間で、出版の話をとりまとめたのが、2010年。翌年、ご存じのように東日本大地震が日本を襲い、さらに刊行に遅れを来すこととなった。

　このような経緯で、本訳書の刊行は、原著の刊行から遅れること、4

半世紀となってしまった。しかし、過去の歴史を抹殺しようとしている現在の日本において、本書の刊行は意義のあることと信じている。私の属する日本植民地教育史研究会の周辺においても、植民地教育史事典、植民地教育史年表の刊行が企画されてきたが、残念ながら、まだ刊行に至っていない。そのような環境の中で、日本の植民地教育政策史を概観できる本書は植民地教育史事典、植民地教育史年表にも代わりうる存在といえよう。

　なお、本書利用に当たってのいくつかの注意点を挙げておかなければならない。
　まず、上に記した資料集としての価値を保つべく、本書引用の文献については、著者の協力も得て、できる限り、原典に依拠することを目指したが、私の力不足により、原典にいたらず、原著からの重訳となっている箇所がある。また、その引用について、日本の研究状況を韓国に紹介する著者の意図もあってか、かなり長い引用となっているものもあり、また、日本文を翻訳紹介するに際して、ちょうど間接話法での会話の伝達のように、特に引用の末尾の形が変えられて引用されている箇所もあり、その際には、原文での引用と引用の次の文章との接合がなめらかでない箇所もある。
　また、漢字語の翻訳にあたっては、韓国における著者の用語をそのまま用いた。たとえば、韓国強占、韓日合邦、清日戦争、露日戦争、日帝等である。本書中に訳注も添えたが、1910年の併合条約を現在の日本では、「韓国併合ニ関スル条約」と呼称しているが、本書の中では、「韓日併合に関する条約」等の名称も使用されている。これらは日本語としては使われていないが、これらの事象を韓国でどう見ているか、著者はどう見ているかを示すものとして、そのままとした。内地、日鮮、種族という用語についても同様であり、あえて「」やママを付さなかった。
　著者は、本国について日本、国語について日本語、帝国について日本帝国、科目名の図画について、現在の韓国での科目名である美術という注を必ず付している。これらは日本の読者からしてみれば、注の不要なものではあるが、これらも著者の主張を含むものとして、その注をそのまま付記した。

本書題名「日帝の対韓国植民地教育政策史」や、満州における韓国族という表記など、現代日本語としては韓国に代え、朝鮮を使うべき箇所もあるが、これらも原著のままとした。一方、原文の「満洲」は「満州」と表記した。

これら訳語の適否については、私がその責めを負うものである。

なお、日本の朝鮮教育史研究においては、「第四次朝鮮教育令」という名称は使われていない。これは、一九四三年の「改正」が全文改正ではなく、部分改正の形式を取っているためである。

訳書の写真は原著にはなく、著者が日本版のために新たに準備したものである。

著者「日本語版への序文」（これは著者が日本語で寄せられた）にあるように、本書が「韓日両国民の偏見を克服、韓日関係を正しく且つ客観的に認識し、両国民の恒久的平和と繁栄に一助出来得る事」を私も期待するものである。

また、皓星社、藤巻修一社長、編集にたずさわった晴山生菜さんに深く感謝するものである。

　　　　　2014年3月1日　三・一独立運動104年の日に
　　　　　　　　　　　　　　　　　　　　　　　佐野通夫

・・・・・・・・・・・・・・・・・・・・・・・・・・・・・・・・

（以下、当時の書評について李裕淑訳）
・・・・・・・・・・・・・・・・・・・・・・・・・・・・・・・・

京郷新聞1986.1.29
教育資料を通じ歴史歪曲究明
「日帝の対韓国植民地教育政策史」鄭在哲著
日本人の「経略」意識構造の背景図深層分析

40年の間、私たちは口癖のように「日帝36年」という言葉を繰り返してきた。

しかし、このようにいつも口にする概念でありながら、いざ韓国に対

する日帝植民地政策の内容が具体的にどうだったのか深層分析した研究はそんなに多くはなかった。特に植民地文化政策の根幹となる日帝の対韓植民地教育政策については教科書水準の概説的な整理段階を抜け出せてない。

しかし、鄭教授のこの本が出たことによってその間に積もっていた私たちの恥ずかしさが一挙に洗い流された。

特に植民地諸民族に対する学校教育で重視したのは植民地民族の言語と文化を抹殺しようとした同化政策を実証的な資料を通じて究明したのは大きな成果だと言える。韓国語教科と日本語教科の授業時間比率及び韓国歴史教育に対する否定的な歪曲教育実状を1906〜1945年の間の学校教育資料を通じて究明した点も大きな進展として評価に値するだろう。

日帝植民地政策それ自体に対する歴史的研究部分でも時代と地域の巾を従前のどんな教育史研究よりも広範囲に設定して論議した。また、対韓国植民地教育政策遂行内容に対する実証的研究においても30種以上の当時の教科書をはじめ100種の日韓資料を使って、教育政策、教育課程、教科書、教育方法などを分析した。

特に、近代日本人の韓国経略に関する意識構造的背景を明らかにして日本帝国主義及び日本植民地主義の実態を把握した研究課題は近代及び現代の韓国史研究に重要な資料として評価できる。

そのほかに、日本植民地主義の教育の基本的特質を分析して教育政策、教育課程、教育方法などに表れた日帝植民地主義教育政策の比較育成を徹底して明かにしている。

光復40年の国民全体が見せてくれる驚く教育エネルギーにも関わらず反復される教育政策の失敗と全編一律的な官僚主義的教育行政などが存在するようにした理由に対してまだ総合診断を出すことが出来ない状態だ。そうならざるしかなかった理由がまさに韓国に対する日帝植民地教育政策に本格的な真相分析がなかったからだという事実をこの本を通じて確認することが出来るようになる。

(一志社・551ページ・10,000ウォン)

金仁会（延世大教授・教育学）

東亜日報　1986.2.4
日帝植民地教育　巨・微視　両面接近
鄭在哲著
日帝の対韓国植民地教育政策史

　日帝統治下の教育に関する研究現況に照らしてこの本の刊行の意義を次のように要約できる。
　最初に、教育政策史という視点で日本の韓国に対する植民地教育政策がどのように計画されて推進されたかを客観的に分析、検討、論説している。これは著者（中央大教授）が本来は教育行政学と教育史学両面に専門的な学問的蓄積があったので可能だったといえる。
　二つ目に、比較教育政策史的に接近を試したことだ。すなわち、日本の植民地教育政策が台湾をはじめ満州北部中国東南「アジア」占領当時、どのように展開されたかを論究している。こうして韓国に対する日本植民地主義教育の基調が何かを比較教育政策史的に解明している。
　三つめに、教育課程及び教科書に関する微視敵分析研究についてである。
つまり、どのように韓国語教育が徐々に意図的に破壊抹殺されていったかを具体的に教科書分析を通じて明らかにしている。著者はこのほかにも歴史及び地理教育、修身教育（道徳科教育）、実業教育などを多くの資料収集を土台にして教科書分析をしている。
　端的に言って、この本は近代日本人の韓国経略に関する意識構造的背景から明らかにするなど巨視的接近とともに日帝の韓国に対する植民地教育政策の実態解明においては着実な微視的分析研究をしたのだ。従って、日本帝国主義の植民地教育実態に関するとても堅実で説得力のある研究書籍と言える。

（一志社・10,000 ウォン）
韓基彦（ソウル大教授・教育学）

VIII. 彙報

2013年1月から2013年12月までの本給会の活動を報告する（文中、敬称略）。

（1）組織・運営体制

本研究会には、会則7条によって本『年報』奥付に記載の役員が置かれている。運営委員の任期は3年、『年報』編集委員の任期は2年である（第9条）。本年は運営委員任期中であり、編集委員は新体制となった。

代表：中田敏夫
副代表：井上薫
運営委員
○書記・通信部：（議事録・通信・WEB更新支援）井上薫・北川知子・
　　　　　　　　小林茂子
○企画・編集部：（年報編集・叢書計画案・シンポ企画等）佐藤広美・
　　　　　　　　上田崇仁
○研究・資料部：（年次研究テーマ〈科研〉・定例研究会等）李省展・中
　　　　　　　　川仁
○宣伝・販売部：（年報の販路拡大など）白柳弘幸・西尾達雄
　　　事務局長：（総務・渉外・各部との連絡調整）岡部芳広
　　　事務局員：（HP担当）松岡昌和・山本一生
　　　　　　　　（研究業績作成）白恩正
　　　　　　　　（会計）滝澤佳奈枝
　　　　　　　　（会計監査）岡山陽子・合津美穂
　　年報編集委員会：（委員長）佐藤広美
　　　　　　　　　　（委員）上田崇仁、一盛真、合津美穂、山本一生

本年の主な活動は以下の通りである。
1）研究会総会（年1回、研究大会時に開催）
　　2013年3月16日（土）中京大学
2）運営委員会（研究大会準備、日常の会務のために2回開催）
　　①6月22日（土）ユニコムプラザさがみはら
　　　　　　　　　（第17回研究大会準備等）

②10月19日（土）こども教育宝仙大学
　　　　　　　　　　　（第17回研究大会準備等）
　3）研究部（研究例会を2回開催、企画、運営）
　　　①6月22日（土）こども教育宝仙大学
　　　②10月19日（土）こども教育宝仙大学
　4）編集委員会
　　　6月23日（日）ユニコムプラザさがみはら
　　　10月20日（日）こども教育宝仙大学

　5）事務局
　　　事務連絡、会員入退会処理、会計、HP管理等を行った。

（2）第16回研究大会の開催

　第16回研究大会は、2013年3月16日（土）・17日（日）に、名古屋市昭和区にある中京大学で開催された。テーマは、「植民地とジェンダー」で、小林茂子会員がコーディネーターとなった。1日目は、小林茂子会員のコーディネート／司会のもと、台湾：滝澤佳奈枝会員、朝鮮：有松しづよ会員、留学生：福田須美子氏（非会員）の報告があり、活発に討議が行われた。2日目は、自由研究発表として、井上薫会員の『植民地台湾・朝鮮の初等教育における農業教科書・教授書と「新教育」―1912年農業「正科」化と「新教育」的要素表出の意味の考察を中心に―』、北川知子会員の『芦田惠之助／朝鮮第2期読本と「新教育」』、樫村あい子会員の「日本占領下シンガポールの二歩の教育と女性派遣―新教育的側面から―」の3本の研究発表があった。

（3）第17回研究大会の準備

　第17回研究大会は、2014年3月22日（土）・23日（日）に、市民・大学交流センター・ユニコムプラザさがみはら（神奈川県相模原市）で行うこととなった。シンポジウムのテーマについては、運営委員会で検討され、「植民地近代と身体」に決定し、コーディネーターは西尾達雄会員が行うこととなった。

（4）年報『植民地教育史研究年報』の発行

第15号『1930年代日本植民地の諸相』を、皓星社から2013年3月16日付で出版した。特集は前年度の研究大会として、2012年3月17日に相模女子大学で行われたシンポジウム「植民地と新教育―1930年代を中心にして」であった。この他、研究論文3本、研究資料2本、旅の記録、書評、図書紹介、彙報で構成した。

（5）「研究会通信」の発行

研究会通信「植民地教育史研究」は、第40号（2013年2月25日付）、第41号（2013年5月24日付）、第42号（2013年9月29日付）の3号が発行された。

第40号では、中京大学での第16回研究大会の案内・シンポジウム趣旨・自由研究発表の紹介、第28回定例研究会の報告、『年報』第15号の紹介などが掲載された。第41号ではユニコムプラザさがみはらでの第29回定例研究会の案内、第16回研究大会・総会の報告などが掲載された。第42号では、こども教育宝仙大学での第30回定例研究会の案内、第16回研究大会での自由研究発表の報告、29回定例研究会の報告、別紙として、会員の研究業績一覧、会員名簿が添付された。

（6）科研進捗状況

本年3月で、平成22〜平成24年度科学研究費補助金「日本植民地・占領地教科書と『新教育』に関する総合的研究〜学校教育と社会教育から」による研究が終了し、報告書が作成された。また、引き続き『日本植民地・占領地教科書にみる植民地経営の「近代化」と産業政策に関する総合的研究』が採択され、平成25年度から3年間科学研究費補助金を得て、共同研究が開始された。

（7）定例研究会

定例研究会の日程、発表については以下の通り。
【1】第29回定例研究会
2012年6月22日（土）ユニコムプラザさがみはら

①北島順子:国定・植民地・占領地教科書の中の「運動会」
　　　　―教材種目・内容別比較検証を通して―
②田中寛:放送が果した日本語普及・日本語政策論の一側面
―雑誌『放送』にみる戦時下日本語論の展開―
③フリック・ウルリッヒ:「満洲・満洲国」における中国人用歴史教科書に見える歴史像　―その特徴・変遷・由来

【2】第30回定例研究会
2012年10月19日（土）こども教育宝仙大学
〈一般発表〉
金広植:朝鮮総督府編纂教科書に収録された朝鮮童話考察
　―学務局編輯課における朝鮮説話の採集と教科書への反映を中心に―
〈講演〉
庵逧由香氏（立命館大学）「植民地近代に関する研究動向」

毎回、20名前後の参加者を得て、活発に討議がなされた。

(8) その他
運営委員会及び年報編集委員相互の日常の諸連絡や検討事項については、それぞれのメーリングリストによって行われている。

（以上、事務局長・岡部芳広）

編集後記

編集委員としてあまり働けていないのが申し訳ないのだが、投稿論文を読ませていただくと、いつも視野が広がります。それは、研究テーマであったり、問題意識であったり、研究手法であったり、さまざまです。投稿論文を読ませていただく以上、できるだけ多くの本を読んであたりたいとは思うものの、昨今の本務校での忙しさは、一冊の本を読み切る時間をなかなか与えてくれません。研究会や運営委員会、編集委員会でほかの会員の方が紹介してくださる本を買ってななめ読みするようなことが続いています。今回も、担当した仕事の締め切りを大幅に超えてしまい、各位にご迷惑をおかけしました。

(上田崇仁)

今回初めて本誌の編集委員として関わり、査読者という立場から、改めて「論文を執筆する」ということを考える機会を得ました。どのような問いを立て、限られた字数のなか、どのような資料をどのように示しながら論を組み立て、実証的に論証していくか。その難しさを再確認するものでした。

本誌15号の編集後記に、弘谷多喜夫先生が「本誌が時がたっても読み返されていく論文を蓄積できれば」と記されています。本誌の編集に関わってこられた方々のこうした思いを形にできるよう、今後も編集委員として、また一研究者として「論文を執筆すること」と真摯に向き合い、研鑽を積んでいきたいと思います。 (合津美穂)

初めて編集委員として関わりました。若手である私を参加させていただき、会の皆様に感謝致します。査読の裏側など、これまで知らなかった世界を知ることができました。またその厳しさに驚きました。研究の質を高めようとする編集委員と執筆者の熱意を感じました。そして、自分の研究を顧みて反省する次第でした。今後も多くの方が本誌に投稿することで、研究会の活性化だけでなく学界全体の研究が活性化し、様々なテーマでの研究が深められることを望みます。

(山本一生)

今回は、論文の査読・修正の指示で、苦労しました。執筆者の方々が、前向きに受け取ってもらえる、そのような建設的な指摘というものをどのように行うものなのか。悩みました。試行錯誤がつづくのかと思いますが、今後とも、よろしくお願い申し上げます。

(一盛真)

特集は「植民地教育とジェンダー」。私たち研究会が、このテーマを掲げた経緯については、小林茂子さんが語っています。これを第一弾にして、次に期したいとします。私もそう願いたいと思います。

長野県の調査で、満蒙開拓青少年義勇軍の勧誘で、大きな役割を担ったのが教師たち、そしてそれにすくなからず反対したのが母親たちであった、という事実があります。ずっと心に引っかかっている問題です。

もうひとつ。「私の両親はそうやって抵抗した。なぜか。両親が教育を受けていなかったからです。私の母親は教育歴ゼロです」「教育がなく、生活に追われ、家族への愛をもっていたから、抵抗することができた」(徐京植)。

こうした事柄ひとつひとつが、「植民地教育とジェンダー」に対する私の関心を形成してきました。本誌は、興味深い論考が3本載っております。討論の様子も掲載されています。どうぞ、お買い上げいただき、お読みいただければと念じております。

書評、図書紹介、旅の記録など、小品ではありますが、どれも充実しております。さまざま読書の楽しみができるものと思っております。

(佐藤広美)

著者紹介

有松しづよ
志學館大学専任講師。教育史専攻。「日本統治末期の朝鮮女性と日本語教育」(『飛梅論集』9、2010)、「日本統治下における朝鮮人母親の「皇国臣民」化と「国語」教育」(『植民地教育史研究年報』13、2011) など。

上田崇仁
1969年、山口県防府市生まれ。愛知教育大学教育学部日本語講座準教授。博士(学術)。日本語教育学・日本語教育史。啓明大学校(韓国)、県立広島女子大学(現・県立広島大学)、徳島大学を経て現職。「朝鮮でラジオは何を教えたのか―ラジオを利用した「国語」教育」『戦争 ラジオ 記憶』(勉成出版、2006)、「マスメディアを利用した日本語教育〜戦前・戦中のラジオ講座をめぐって」(『日本語・日本語教育の研究―その今、その歴史』スリーエーネットワーク、2013) など。

岡部芳広
1963年大阪市生まれ。相模女子大学准教授。神戸大学大学院総合人間科学研究科博士後期課程修了。博士(学術)。台湾近現代音楽教育史専攻。『植民地台湾における公学校唱歌教育』(明石書店、2007)、「台湾の小学校音楽教育における1962年改訂国民小学音楽科課程標準の意味」(『音の万華鏡 音楽学論叢』藤井知昭・岩井正浩編、岩田書院、2010) など。

小林茂子
中央大学非常勤講師。沖縄移民教育史、社会科教育。博士(教育学)。『「国民国家」日本と移民の軌跡―沖縄・フィリピン移民教育史』(学文社、2010)、「占領期沖縄における農林高等学校拓殖科の役割とその意義―拓殖科設置から廃止までの経緯を通して―」(『日本の教育史学』第53集、2010)、「戦前期マニラ日本人学校における現地理解教育の取りくみ―『フィリッピン読本』(1938年)の分析を中心に」(『国際理解教育』18、2012) など。

佐藤広美
東京家政学院大学教授。1954年。日本近代教育思想史、博士(教育学)。『総力戦体制と教育学』(大月書店、1997)、『興亜教育 全8巻』(監修、緑陰書房、2000)、「国定教科書と植民地」(『植民地教育史研究年報』9、皓星社、2007) など。

佐藤由美
埼玉工業大学教員。教育史専攻。日本統治下台湾・朝鮮における教育政策とその実態を研究。最近の研究に「日本統治下台湾からの工業系留学生―林淵霖氏の場合―」(『埼玉工業大学人間社会学部紀要』8、2010)、「植民地教育令の理念と制度―朝鮮教育令の制定をめぐって―」(『教育人間科学の探求』学文社、2008) がある。

佐野通夫
1954年生まれ。こども教育宝仙大学教員。教育行政学。『子どもの危機・教育のいま』(社会評論社、2007)、『日本植民地教育の展開と朝鮮民衆の対応』(同、2006)、『アフリカの街角から』(同、1998)、『＜知＞の植民地支配』(編著、同、1998)、『近代日本の教育と朝鮮』(同、1993)。鄭在哲著『日帝時代の対韓国教育史』(訳、皓星社、2014) など。

白柳弘幸

玉川大学教育博物館。日台近代教育史・自校史（玉川学園史）。「台湾の博物館における教育事情の調査」（『玉川大学教育博物館紀要』8、玉川大学教育博物館、2011）。「台湾国民学校期修身教科書教材「心を一つに」についての一考察―「誉れの軍夫」の修身教科書教材採用経過―」（『帝国日本の展開と台湾』創和堂出版、2011）。

滝澤佳奈枝

東京日語学院職員。淡江大学国際研究学院日本研究所修士課程修了。日本統治下台湾の女子教育について研究を進めている。「植民地台湾における技芸教育の実態と変遷―台北第三高等女学校を例として―」（『女性歴史文化研究所紀要』14、2006）。

田中寛

1950年生まれ。大東文化大学外国語学部教授。博士（文学）。専攻は日本語学、タイ語学、比較言語文化論。主要著書に『統語構造を中心とした日本語とタイ語の対照研究』、『日本語複文表現の研究』、『複合辞からみた日本語文法の研究』、『「負」の遺産を越えて』（私家本）など。

福田須美子

相模女子大学教授。教育史専攻。「高等女学校の制度的沿革」高等女学校研究会編（『高等女学校の研究』『高等女学校資料集成』全18巻所収　大空社1990）、植民地教育史関連の論文としては、「芦田恵之助の朝鮮国語読本」（『國學院大學教育学研究室紀要』1987）、「芦田恵之助の南洋群島国語読本」（『成城文芸』126、1991）、「ある教科書の行方」（『相模論叢』8、1996）、「日本への留学」（『相模英米文学』26、2008）、「植民地下朝鮮における高等女学校の設立過程」、（『相模女子大学紀要』2013）など。

松岡昌和

日本学術振興会特別研究員（PD）。1979年生まれ。専門は歴史学。研究テーマは日本占領下のシンガポールにおける文化政策。「『昭南島』における『文化人』―こども向け新聞からの考察―」（『植民地教育史研究年報』14、2012）、「『大東亜文化建設』と『日本音楽』―第二次世界大戦期における音楽プロパガンダ構想についての一考察―」（平井521こほか編『グローバリゼーション再審―新しい公共性の獲得に向けて―』時潮社、2012）など。

宮脇弘幸

大連海洋大学外国語学院外教。社会言語学専攻。『日本語教科書－日本の英領マラヤ・シンガポール占領期(1941－45)』全6巻（復刻））解題「占領下マラヤ・シンガポールにおける教育と日本語教科書」（龍溪書舎、2002)、『南洋群島　國語読本』全8巻（復刻）解説「南洋教育と「国語読本」（大空社、2006)、『日本の中国侵略期における植民地教育政策』監修（台湾・致良出版社、2010［原著『日本侵華時期殖民教育政策』武強　遼寧教育出版社、1994]）など。

山本一生

1980年生まれ。日本学術振興会特別研究員（PD）。博士（教育学）。著書に『青島の近代学校　教員ネットワークの連続と断絶』（2012、皓星社）。論文に「帝国日本内を移動する教員」（『日本の教育史学』52、2009）など。

CONTENTS

Forward   Colonial education and "Modernization" ················   SATO Hiromi   3

I. Symposium : Colonial Education and Gender

Sewing Education and Female Teacher Training in Taihoku Provincial Third Girls' Higher School: With a Focus on the Attached National Language School Period to the 1920s
·· TAKIZAWA Kanae   8

The Transformation of Korean Girls' Higher School Students into "Imperial Subjects" under Japanese Rule ··· ARIMATU Shizuyo   26

Female Overseas Students: A Case Study of the Imperial Women's College
·· FUKUDA Sumiko   50

Summary of the Symposium   ······································ KOBAYASHI Shigeko   74

II. Research Paper

One Side of the Debates over the Role of Broadcasting in Japanese Language Spread and Language Policy: The Development of the Wartime Japanese Language Debate in the Journal *Hōsō/Hōsō Kenkyū* ·· TANAKA Hiroshi   82

III. Research Materials

School Experiences ins Japanese-ruled Korea: The Case of Nagai Shōzō
·· SATŌ Yumi   104

IV. Field Work Reports

Investigation into the Remains of Taiwan's Education History (#6): Religious Institutions which Served as the Parent Bodies to Common Schools
·· SHIRAYANGAI Hiroyuki   116

Japanese-constructed Schools which Remain in Qingdao, Shandong Province
·· YAMAMOTO Issei   120

My Participation in Scholarly Conferences in Australia and Great Britain
·· MATSUOKA Masakazu   128

V. Book Review,Book Recommendation, Research Trends

YAMAMOTO Issei. Schools in Qingdao in the 20th Century: Transformation of Teachers' Network ·· UEDA Takahito   136

HIURA Satoko. Shrines, Schools, and Colonies: The Inverse Functions of Korean Colonial Rule ·· LEE Sung Jeon   142

QI Hongshen (commentary), SHI Songyuan, HE Zhangsan (editors). Placing Society in Education History ·· Miyawaki Hiroyuki   155

Research Trends in "Colonies and the Body" ························· NISHIO Tatsuo   158

VI. Words at Issue
Koseki, Kokuseki, and Nihonjin ·· SANO Michio 180

VII. Special Contribution
ZHENG Zaizhe; The History of the Japanese Empire's Korean Colonial Education Policy, published in translation. ··· SANO Michio 186

VIII. Miscellaneous ··OKABE Yoshihiro 196

Editor's Note
Authors

＊英文翻訳　Andrew Hall

植民地教育史研究年報　第16号
Annual Reviews of Historical Studies of Colonial Education vol.16

植民地教育とジェンダー
Colonial Education and Gender

編集
日本植民地教育史研究会運営委員会（第Ⅵ期）
The Japanese Society for Historical Studies of Colonial Education

代　表：中田敏夫
副代表：井上薫
運営委員：井上薫・北川知子・小林茂子・佐藤広美・上田崇仁・
　　　　　李省展・中川仁・白柳弘幸・西尾達雄
事務局長：岡部芳広
事務局員：松岡昌和・山本一生・白恩正・滝澤佳奈枝・岡山陽子・
　　　　　合津美穂
年報編集委員会：佐藤広美（委員長）・上田崇仁・山本一生・
　　　　　　　　合津美穂・一盛真
事務局：神奈川県相模原市南区文京2-1-1
　　　　相模女子大学学芸学部岡部研究室

TEL 042-713-5017
URL http://blog.livedoor.jp/colonial_edu/
E-Mail：y-okabe@star.sagami-wu.ac.jp
郵便振替：００１３０－９－３６３８８５

発行　2014年3月22日
定価　2,000円＋税

発行所　　株式会社 皓星社
〒166-0004　東京都杉並区阿佐谷南1-14-5
電話：03-5306-2088　FAX：03-5306-4125
URL http://www.libro-koseisha.co.jp/
E-mail：　info@libro-koseisha.co.jp
郵便振替　00130-6-24639

装幀　藤林省三
印刷・製本　㈲吉田製本工房

ISBN978-4-7744-0487-5 C3337